Maryline
& Roland Motte

ADIEU LIMACES & AUTRES RAMPANTS qui dévorent mes salades

Rustica éditions

SOMMAIRE

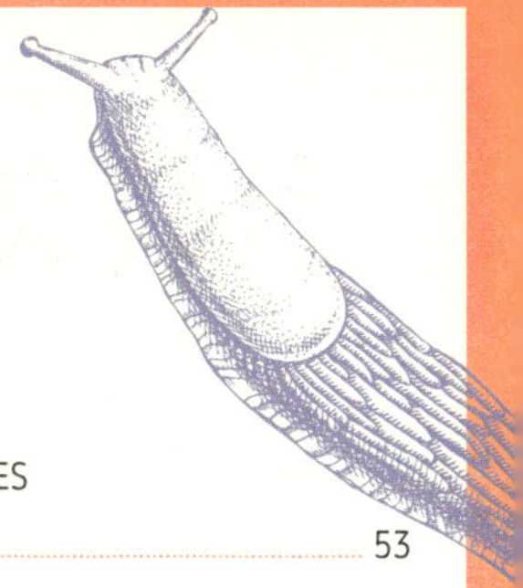

INTRODUCTION

« Année pluvieuse, pour les limaces et les escargots, année heureuse ! »
C'est un dicton inventé pour l'occasion, mais il est tout à fait réaliste...
L'autre dicton à mettre en parallèle serait : **« Année pluvieuse, pour les jardiniers et les jardinières, année furieuse ! »**
En tout cas, quand ces bestioles sont nombreuses au potager, ça fait pleurer dans les chaumières... Et pour cause, les dégâts peuvent être importants.

Mollusques gastéropodes

Les limaces et les escargots sont bien des mollusques gastéropodes mais... terrestres ! Même s'ils adorent la pluie et l'humidité.
Les limaces affichent un corps mou et allongé sans coquille externe visible. Leur corps est souvent recouvert de mucus. Ce dernier est une substance visqueuse et gluante sécrétée par des glandes situées sur leur corps. Il leur permet de se déplacer mais aussi de se protéger de la déshydratation.
La tête des limaces est bien définie et porte deux paires de tentacules. La paire supérieure est équipée d'yeux à son extrémité, tandis que la paire inférieure est utilisée pour la détection chimique, comprenez l'odorat !
Le pied est une structure musculaire permettant les déplacements par des mouvements ondulatoires.
Les escargots, eux, possèdent une coquille externe en spirale qui sert de protection contre les prédateurs et les conditions environnementales. La coquille est en calcaire et peut varier de taille, de forme et de couleur selon l'espèce.
Le corps de l'escargot se rétracte entièrement à l'intérieur de la coquille au besoin, souvent en cas d'agression. Comme les limaces, les escargots ont une tête distincte avec deux paires de tentacules. La paire supérieure porte les yeux, la paire inférieure sert à l'odorat.
Le pied de l'escargot est, comme celui de la limace, une structure musculaire qui lui permet ses déplacements.

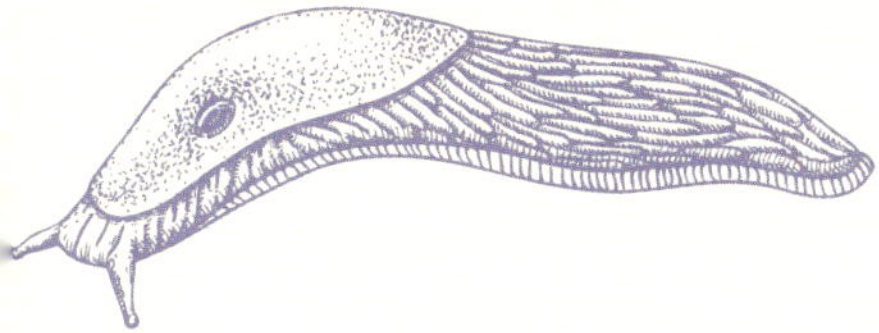

Les points communs physiques entre ces deux mollusques gastéropodes sont donc nombreux. À cela s'ajoute le fait que la plupart des limaces et des escargots sont hermaphrodites, c'est-à-dire qu'ils possèdent à la fois des organes reproducteurs mâles et femelles. Et qu'ils sont herbivores ou omnivores, se nourrissant de plantes, de champignons et de matières en décomposition.

Dans le jardin...

On peut rencontrer plusieurs variétés de limaces et d'escargots dans nos espaces de vie extérieurs.

Les limaces les plus communes

- La limace grise (*Deroceras reticulatum*) : petite à moyenne, de couleur grise à brunâtre, avec des taches plus foncées. Elle cause des dégâts importants aux plantes, en particulier aux jeunes pousses.
- La limace noire (*Arion ater*) : une grande limace, de couleur noire ou brun foncé. Elle a le « don » d'endommager les légumes et les fleurs.
- La limace rouge (*Arion rufus*) : cette grande limace, de couleur rougeâtre à brun-orange, cause des dégâts considérables à toutes sortes de plantes.
- La limace léopard (*Limax maximus*) : elle aussi est assez grande, de couleur grise à brune avec des taches noires. Elle endommage les plantes, mais est également connue pour se nourrir de champignons.

Les escargots les plus communs

- Le petit-gris (*Cornu aspersum*) : de taille moyenne, avec une coquille brunâtre à rayures plus foncées. Il s'en prend aux plantes, en particulier aux jeunes pousses et aux légumes.
- L'escargot de Bourgogne (*Helix pomatia*) : un grand escargot, avec une coquille blanche à beige, souvent striée de brun. Il mange nos plantes et, en retour, nous l'apprécions en gastronomie.
- L'escargot des jardins (*Cepaea hortensis*) : de taille moyenne, sa coquille, brillante et colorée, est constituée d'enroulements dessinant jusqu'à cinq bandes en spirale sombres. Il est un bon indicateur de la biodiversité.

– L'escargot des bois (*Cepaea nemoralis*) , ou escargot des haies : il ressemble à l'escargot des jardins. Pour les distinguer, il suffit de regarder la grosse lèvre qui borde l'ouverture de la coquille. Si elle est noire, il s'agit d'un escargot des haies, si elle est blanche, vous êtes devant un escargot des jardins.

La grande chaîne de la vie

Ces mollusques font partie de la chaîne alimentaire, la grande chaîne de la vie. Vous nous voyez venir... Eh oui ! qu'on les aime ou non, ils ont des rôles importants dans l'équilibre des écosystèmes.

Ils sont fabuleux côté recyclage des matières organiques puisqu'ils se nourrissent de matières végétales en décomposition : feuilles mortes, champignons et débris organiques. En les consommant, ces gastéropodes contribuent à la décomposition des matières et à la libération de leurs nutriments dans le sol.

Leurs excréments, particulièrement riches, améliorent la fertilité de la terre et favorisent la croissance des plantes.

Les limaces et les escargots sont une source de nourriture pour de nombreux prédateurs comme les oiseaux, les hérissons, les crapauds, les grenouilles, les lézards et certains mammifères. En étant consommés par d'autres bestioles, ils contribuent à l'équilibre des populations animales de façon naturelle.

Ces gastéropodes sont sensibles à la pollution et aux changements environnementaux. Ainsi, leur présence ou leur absence sert d'indicateur de la qualité de votre environnement proche.

Limiter leur présence...

Surtout lors d'années pluvieuses ! Pour cela, il existe bon nombre de trucs et astuces qui fonctionnent plus ou moins bien. Nous avons répertorié cinquante astuces et les avons classées de la sorte :

(1) > astuce qui fonctionne

(2) > ça peut fonctionner dans certaines conditions

(3) > ça fait la blague, mais c'est plutôt compliqué !

On vous laisse découvrir tout ça...

Bonne lecture !

50 MÉTHODES ANTI-LIMACES

1. LE PIÈGE À BIÈRE... HIC !

EFFICACITÉ 1

C'EST UN FAIT, LES LIMACES ET ESCARGOTS RAFFOLENT DE LA BIÈRE ! MAIS QUE SE PASSE-T-IL POUR QUE CES BESTIOLES EN SOIENT DINGUES À CE POINT ? C'EST LA TENEUR EN LEVURE QUI ATTIRE LES LIMACES, MAIS AUSSI LE SUCRE ET... L'ALCOOL !

Que se passe-t-il avec ce piège ?

Il vous suffira de remplir un récipient de bière et de le placer au jardin. Lorsque les limaces en sentent l'odeur, elles rampent allègrement et plongent littéralement dans la mousse...

Une fois qu'elles sont dans le piège, elles s'y noient, car elles ne peuvent en sortir, les parois sont trop glissantes. Et sous l'effet de l'alcool, leur capacité de réaction est amoindrie. Et là, en l'occurrence, c'est perdu. On peut aisément conclure que les limaces ne sont pas des championnes de natation, surtout avec un degré d'alcool élevé dans la sole (c'est le nom de leur pied unique et musclé) !

Conséquences du piège à bière au jardin...

Le petit hic de ce piège est le goût prononcé des gastéropodes (avec ou sans coquille) pour cette boisson fermentée. Ils en raffolent tellement que vous allez attirer toutes les bestioles du coin. Si vous résidez en bordure de forêt, il est à parier que les limaces qui résident dans la forêt vont venir se saouler à vos frais ! Et évidemment, lors de leur déplacement vers leur boisson favorite, des petits arrêts dégustation de salade, d'œillets et de courgettes ne sont pas exclus !

Comment bien gérer le piège à bière ?

Pour que le piégeage soit efficace sans engendrer d'autres catastrophes, positionnez vos pièges à bière en bordure du potager. Ou chez le voisin... Surtout pas en plein centre de votre espace de culture, car vous offrez alors aux gastéropodes gourmands le bar et la cantine !

Et entre nous, ils seraient fous d'aller voir ailleurs...

EFFICACITÉ 2

2. LA CENDRE… MAIS DE BOIS

AH ! LES BIENFAITS DE LA CENDRE AU JARDIN… ON LUI PRÊTE TELLEMENT DE MÉRITES ! CEPENDANT, IL FAUT PRÉCISER QUE L'ON PARLE DE LA CENDRE DE BOIS : CELLE ISSUE DE LA CHEMINÉE. ET IL EST PRÉFÉRABLE D'UTILISER DE LA CENDRE DE BOIS NON TRAITÉ ET ÉVIDEMMENT REFROIDIE (SI L'ON NE VEUT PAS METTRE LE FEU AU JARDIN…).

Comment ça fonctionne contre les limaces et les escargots ?

Avant tout, nous devons comprendre la physionomie de ces gastéropodes. Les bestioles sécrètent une substance visqueuse, le mucus, qui a plusieurs fonctions : il réduit la friction entre le pied et la surface parcourue, il permet de s'accrocher aux surfaces même verticales, et il protège les gastéropodes de la déshydratation. Évidemment, quand il pleut, le mucus additionné à la pluie facilite grandement leur déplacement. Lorsque l'on encercle une plante d'un boudin de cendre froide, cette matière sèche absorbe l'humidité, et la bestiole ne peut plus se mouvoir : elle patine sur place !

Guettez la météo : inutile d'installer cette protection si la pluie est annoncée.

Conséquences des cendres de bois au jardin

En revanche, les cendres de bois peuvent modifier la structure de votre sol. C'est un bon amendement… ou pas ! Ça dépend ! Si votre sol est acide, les cendres sont bénéfiques, car elles le rééquilibrent vers la neutralité. Mais si votre sol est déjà calcaire, l'ajout de cendres va le rendre encore plus compact. Une véritable galère à travailler !

Comment bien gérer les cendres de bois ?

On y va avec parcimonie ! Devenez stratégique et placez de la cendre de bois refroidie exclusivement autour des plantes habituellement ravagées. Ah oui ! j'allais oublier : les cendres une fois arrosées par la pluie perdent totalement leur effet barrière !

3. LES COQUILLES D'HUÎTRES… UNE PERLE

LÀ, ON TIENT LA PERLE… DU MEILLEUR PIÈGE ! LES COQUILLES D'HUÎTRES… LA LÉGENDE RACONTE QUE LES COQUILLES D'HUÎTRES DISSUADENT LES LIMACES ET LES ESCARGOTS DE BOULOTTER VOS SALADES. BON, IL FAUT QUAND MÊME PRÉCISER QUE LES COQUILLES DOIVENT ÊTRE ÉCRASÉES EN TOUT PETITS MORCEAUX… MAIS PAS TROP PETITS NON PLUS !

Est-ce qu'on a envie de garder des coquilles d'huîtres à la maison ?

Vous avez déjà essayé, vous, de casser une coquille d'huître en tout petits morceaux ? Déjà, il faut manger des huîtres… Bon, ça arrive souvent en fin d'année. Alors OK, après les fêtes, on les stocke jusqu'au printemps (car pendant l'hiver, on ne risque pas de s'en servir au jardin). On les retrouve donc au printemps, et là, on se fait une bonne séance d'éclatage de coquilles ? Vous vous êtes déjà dit : « Youpi, un peu de sport : je vais éclater des coquilles d'huîtres », vous ?

Les coquilles d'huîtres et les gastéropodes…

En tout cas, bien malin celui qui trouvera le bon calibrage des éclats de coquilles d'huîtres ! Le constat est fait : éclats trop gros, les limaces slaloment entre eux (bon d'accord, à leur rythme, mais quand même), éclats trop fins, c'est de la poudre de perlimpinpin, ça ne leur fait ni chaud ni froid : les bestioles tracent leur route tranquillement.

Comment bien gérer les coquilles d'huîtres au jardin ?

Si vous avez réussi à transformer vos coquilles en éclats fins, vous pouvez les incorporer dans votre compost. Sinon, ils vont bien dans le bac à déchets organiques. Certaines municipalités ou régions disposent même de points de collecte spécifiques pour coquilles d'huîtres et autres déchets de fruits de mer.

EFFICACITÉ 3 EFFICACITÉ

4. LES COQUILLES D'ŒUFS

UNE AUTRE VERSION DE BARRIÈRE PHYSIQUE AU JARDIN : LES COQUILLES D'ŒUFS ! ÉVIDEMMENT, IL FAUT AU PRÉALABLE LES ÉCRASER EN PETITS MORCEAUX ET... TADAM ! ÇA STOPPE L'AVANCÉE DES LIMACES. ICI, C'EST LE CÔTÉ TRANCHANT DE LA COQUILLE QUI EST MIS EN AVANT. EH OUI, C'EST BIEN CONNU, UN ŒUF, ÇA TRANCHE ET ÇA COUPE ÉNORMÉMENT...

Œuf cuit ou cru ?

Dans cette histoire, il n'est pas précisé s'il faut utiliser des coquilles d'œufs crus ou d'œufs cuits. Et pour cause, on s'en fout... car ni l'un ni l'autre ne donne des résultats satisfaisants. Observation faite au jardin : les limaces passent carrément sur les coquilles sans que ça les dérange le moins du monde. Leur peau est assez épaisse pour supporter les petites piques des éclats de coquilles d'œufs, dont la membrane de protection diminue encore l'effet !

Intérêt des coquilles d'œufs au jardin

En revanche, les coquilles d'œufs sont très bénéfiques pour tous les végétaux. Elles sont naturellement riches en calcium et en minéraux, qui sont des éléments nutritifs essentiels à la vie de toutes les plantes. Pour bien faire les choses, écrasez-les entre vos mains ou à l'aide d'un rouleau à pâtisserie et déposez-les au pied de vos végétaux. Enfoncez-les à peine dans la terre ou le terreau et arrosez.

Notez que cette membrane a des propriétés cicatrisantes et aide à guérir les petites coupures et les éraflures.

Comment les gérer autrement ?

Dans le compost, les coquilles d'œufs crus ou cuits ont toute leur place. Elles se décomposent avec le temps et ajoutent des nutriments bénéfiques au compost mûr que vous allez réutiliser. Mais là aussi, il faut faire un petit effort : il est préférable de les écraser avant de les déposer, car en petits bouts, les coquilles d'œufs se décomposent plus rapidement.

EFFICACITÉ 2

5. POUZZOLANE... ET ÇA PASSE PAS !

Et en l'incorporant au sol, la pouzzolane le décompacte et l'aère.

AH ! LE JOLI PAILLAGE MINÉRAL QUE VOILÀ : LA POUZZOLANE. CETTE ROCHE VOLCANIQUE EST APPRÉCIÉE POUR SES QUALITÉS DE COUVRE-SOL, ET C'EST FINALEMENT DÉJÀ PAS MAL ! CE MATÉRIAU NATUREL A PLEIN D'AVANTAGES : IL EST POREUX, RETIENT L'EAU, LIMITE LE DÉVELOPPEMENT DES HERBES INDÉSIRABLES... MAIS ALORS, CÔTÉ LIMACES ?

Poreux et tranchants, les graviers de pouzzolane

Ce sont les deux qualités conférées à la pouzzolane et qui attestent de son pouvoir d'éloignement des gastéropodes. Comme elle est poreuse, la pouzzolane reste sèche en surface, or, les limaces et autres escargots s'immobilisent sur les surfaces sèches. Et comme c'est de la roche, et surtout des cailloux de roches, leurs côtés pointus et tranchants blessent les bestioles. OK, mais... Le beau massif d'hostas a été joliment paillé de pouzzolane pour stopper la ferveur des limaces (ah oui ! les limaces sont frappadingues des feuilles d'hostas ; elles les boulottent avec une frénésie incroyable), mais le constat est sans appel : malgré la pouzzolane, toutes les feuilles sont mangées... Et on connaît les responsables ! On a les noms ! Conclusion : la pouzzolane ralentit la progression des limaces mais ne réussit pas à les stopper.

Intérêt de la pouzzolane au jardin

C'est un excellent paillage minéral. Privilégiez-le sur vos parcelles de plantes pérennes : massifs d'arbustes, groseilliers, framboisiers, etc.

A-t-elle des inconvénients ?

En paillage, comme c'est du minéral, la pouzzolane a tendance à garder la chaleur. Et compte tenu des modifications climatiques, parfois ça peut chauffer sévère. En tout cas, on évite de pailler la surface des pots qui souffrent plus rapidement des canicules !

EFFICACITÉ 2 EFFICACITÉ

6. ALLÉES EN GAZON… HÉ ! LIMACE, T'ES REPÉRÉE !

L'IDÉE EST DE MAINTENIR DES ALLÉES EN GAZON DANS LE POTAGER, COMME ÇA, ON VOIT ARRIVER LES BESTIOLES, ON LES REPÈRE TRÈS FACILEMENT. LES TONS BRUNS, ORANGE, NOIRS, TIGRÉS ET LES COQUILLES SE DISTINGUENT FORT BIEN SUR LA COULEUR VERTE ! LA QUESTION QUI SE POSE EST : « EST-CE QU'ON NE LEUR FACILITE PAS UN PEU LA VIE QUAND MÊME ? » UNE PELOUSE HAUTE EST SOUVENT HUMIDE, SURTOUT LE MATIN OU LE SOIR…

Quand intervenir dans les allées en gazon ?

Juste après la pluie ! Mais encore faut-il que ce soit dans la journée… Cela dit, vous pouvez procéder en pleine nuit, et les nuits de pleine lune sont idéales… Et pour cause, on y voit comme en plein jour, ou presque.

Dans tous les cas, après la pluie, vous pouvez compter sur les limaces et les escargots pour aller tranquillement boulotter vos végétaux.

Gazon haut, gazon ras…

C'est un vrai dilemme ! Pendant la saison où les gastéropodes agissent, c'est-à-dire d'avril à novembre, il est conseillé de laisser le gazon plutôt haut ; environ 7 centimètres. Parce qu'à cette hauteur, il reste humide et bien vert. Mais voilà un terrain de jeu parfait pour les limaces. Et si on le tond ras, l'humidité s'évapore plus rapidement, du coup, il devient jaune et sèche complètement ! Dilemme : gazon vert, spéciale dédicace pour les limaces, ou gazon moche et grillé tout l'été ?

Et après votre gestion du dilemme ?

On repère les rampantes et on les prélève. Il y a beaucoup de façons de les gérer. On vous explique ça tout au long de ce livre. Et rassurez-vous, des solutions, il y en a pour tous les goûts et toutes les croyances, qu'elles fonctionnent… ou pas !

Saviez-vous que ces gastéropodes sont capables de parcourir 7 mètres au maximum et de toutes parts durant leur sortie ?

EFFICACITÉ 3 EFFICACITÉ

7. LE PAILLAGE DE LIN, ÇA PIQUE !

LE PAILLAGE DE LIN, CE SONT DES PAILLETTES, DES BRINDILLES, DE TOUT PETITS BOUTS SÉCHÉS DE LIN. IL S'AGIT DONC DE VÉGÉTAL, D'UNE PLANTE QUI NE PRODUIT PAS DE BOIS ! VOUS ME VOYEZ VENIR... EH OUI ! PLONGEZ LA MAIN DANS UN TAS DE PAILLETTES DE LIN, POUR VOIR ! C'EST PLUTÔT DOUX... PAS DE QUOI SE COUPER OU DE HURLER À LA MORT !

Alors, ces paillettes, tueuses ou non ?

Mettre des paillettes de lin autour des pieds de fraisiers est une excellente idée, car le paillage permet de garder l'eau et va se décomposer dans la terre, améliorant ainsi sa structure. Mais en aucun cas il va faire fuir les limaces. Le mucus produit par ces bêtes est assez important pour glisser sur les fines particules de lin. Et que dire du côté « piquant » des paillettes qui pourrait blesser le pied des gastéropodes ? La légende le suppose, la réalité l'oppose !

Versées dans le composteur, elles apportent les matières sèches nécessaires au bon équilibre du compost et se décomposent rapidement.

Les paillettes de lin au jardin

Elles ont un véritable intérêt puisqu'elles améliorent la structure du sol et sa fertilité. En effet, elles contiennent des nutriments qui se libèrent lentement dans le sol au fur et à mesure de leur décomposition. Comme bon nombre de paillages végétaux, elles limitent la pousse des herbes indésirables.

Comment bien gérer les paillettes de lin ?

Les paillettes de lin sont très fines. Pour avoir un résultat probant sur la couverture du sol ou du terreau, il faut suffisamment de matière. Mais la règle est simple : plus le matériau est gros, plus la couche doit être épaisse. Ici, le matériau est très fin et donc assez couvrant : une couche de 3 à 5 centimètres de paillettes de lin est suffisante pour jouer son rôle !

8. PAILLAGE DE SARRASIN… EXPLOSIF !

EFFICACITÉ 2 EFFICACITÉ

LA CROYANCE PRÉTEND QUE LES COSSES DE SARRASIN, UNE FOIS INGURGITÉES PAR LES LIMACES ET LES ESCARGOTS, FONT EXPLOSER LEURS INTESTINS. RIEN QUE ÇA ! MAIS UN PEU TROP GORE, NON ? IL N'Y A PAS DE PREUVES SCIENTIFIQUES SUR L'EXPLOSION INTESTINALE. ET LA RÉALITÉ EST EFFECTIVEMENT PLUS MODÉRÉE, ENCORE UNE FOIS…

C'est quoi ce paillage plutôt méconnu ?

Le sarrasin, ou blé noir, est une plante annuelle cultivée pour ses graines. Ce sont les résidus, les cosses des graines, qu'on va utiliser en paillage.

Comme tous les paillis végétaux, les cosses de sarrasin aident à retenir l'humidité du sol, limitent les herbes indésirables, régulent la température du sol, diminuent la battance des pluies et améliorent la structure du terrain. C'est déjà pas mal, non ?

Et pour le côté explosif des cosses de sarrasin ?

Oubliez ça ! En revanche, les cosses de sarrasin contiennent des composés et des flavonoïdes qui sont plutôt dissuasifs pour les limaces.

Il y a aussi la texture très fibreuse du sarrasin qui est difficile à digérer pour les limaces et les escargots.

Certes, vous savez que les limaces sont des bestioles détritivores. En clair, elles mangent les détritus du sol (végétaux morts, cadavres d'insectes, etc.). En revanche, elles préféreront toujours les denrées digestes. Pas folles non plus, les bestioles !

Comment bien gérer le paillage de cosses de sarrasin ?

Donc, les cosses de sarrasin restent intéressantes, car elles seront le dernier choix des rampantes… Mais pour vos végétaux, évitez de faire des couches trop épaisses, car les cosses se gorgent vraiment d'eau, ce qui peut empêcher l'eau de pénétrer dans le sol, et si les racines des plantes cultivées sont aériennes, gare à leur pourrissement.

EFFICACITÉ 3

9. DÉCOCTION DE LIMACES… BEURK !

DÉCOCTION… ÇA VOUS PARLE ? ÇA VEUT DIRE FAIRE BOUILLIR DES LIMACES DANS DE L'EAU ET FILTRER ! PERSO, AUCUNE ENVIE DE VOIR TOUT CE PETIT MONDE DANS LES CASSEROLES DE MA CUISINE, ET VOUS ? LES DÉCOCTIONS RÉPULSIVES SONT SOUVENT PEU RAGOÛTANTES… MAIS CELLE-LÀ, ELLE TIENT LA PALME !

Comment concocte-t-on cette décoction ?

On commence par le commencement : prélevez les limaces avec des gants. Si vous avez déjà du mal à faire ça, laissez tomber la suite ! Alors, pour les plus téméraires : commencez par mettre une pince à linge sur le nez… Ça va aider ! Placez les limaces dans un récipient avec de l'eau, comptez une tasse de limaces pour 1 litre d'eau. Portez le mélange à ébullition, laissez bouillir pendant 15 minutes. Ça tue les limaces et libère les substances répulsives dans l'eau. Laissez refroidir le mélange, filtrez avec une passoire. Puis diluez la décoction : 1 litre de décoction pour 10 litres d'eau.
Vous êtes toujours là ?

L'application se répète après chaque pluie ou arrosage, évidemment.

Comment utiliser cette décoction ?

Versez la décoction obtenue dans un pulvérisateur. Ah oui ! remettez votre pince à linge sur le nez ! Pulvérisez la décoction autour des plantes que vous souhaitez protéger. Vous pouvez aussi utiliser un arrosoir et arroser le sol autour des végétaux.

Effet répulsif garanti ?

Ben, comment dire… Détritivore, c'est son rôle, à la limace ; c'est-à-dire qu'elle mange les détritus se trouvant au sol, les végétaux morts et les cadavres… Le truc à retenir, c'est qu'elles sont attirées par les odeurs, car elles possèdent des récepteurs sensoriels. Et là, ça va sentir fort le cadavre, alors ça va plutôt les faire venir pour entamer leur mission…

EFFICACITÉ 3

10. UNE BROCHETTE DE LIMACES !

PETITE TECHNIQUE DE PSYCHOPATHES : LA BROCHETTE DE LIMACES. ON S'ARME D'UNE PIQUE, DE PRÉFÉRENCE EN FER, UN PEU COSTAUD, ET ON PART AU JARDIN, TEL UN CHEVALIER BRANDISSANT SON ÉPÉE...

Quels sont les avantages de cette méthode ?

Elle est simple à mettre en place ; on a tous une pique ou un fil de fer à la maison, pas vrai ? Cette méthode permet d'éliminer directement, et surtout rapidement, les limaces capturées puisqu'elles meurent instantanément. Une fois que vous les avez embrochées pour former *The brochette of slugs*, vous pouvez même compter le nombre de bestioles et être satisfait du méfait accompli !

On fait quoi des limaces de ces brochettes ?

Voilà, c'est à ce moment-là qu'il va falloir gérer... Alors, pourquoi pas les remettre sur le sol ? OK, mais à ce moment-là, vous allez attirer toutes les autres limaces, qui vont avoir à cœur de jouer leur rôle : nettoyer le sol des cadavres. Eh bien, pourquoi ne pas embrocher les nouvelles venues ? Puis les déposer au sol... Et attendre un peu les suivantes pour les embrocher... Et vous voilà dans une boucle temporelle infernale de l'histoire sans fin !

Écologiquement parlant, l'embrochage est une méthode respectueuse de l'environnement : zéro produit !

Comment bien gérer ces brochettes de limaces ?

On garde l'idée de les déposer au sol, mais dans le pourrissoir qui se trouve au fin fond du jardin ! Et le pourrissoir de végétaux morts est un vrai élevage de limaces... Certes, une limace fait au maximum 7 mètres de distance par sortie, mais si vous mettez à disposition la nourriture tout près d'elle, elle ne va pas aller chercher plus loin ! C'est comme nous, quand le frigo est plein, on ne va pas faire de courses ! Et l'embrochage n'est alors pas vraiment nécessaire !

EFFICACITÉ 3 EFFICACITÉ

11. LES JETER CHEZ LE VOISIN

L'IDÉE EST TENTANTE... MAIS LÀ, NOTRE MORALE VA EN PRENDRE UN COUP ; C'EST PEU ÉTHIQUE, QUAND MÊME ! C'EST AUSSI UNE QUESTION DE RESPECT ET DE COURTOISIE ENVERS VOS VOISINS : PERSONNE N'APPRÉCIE DE RECEVOIR DES NUISIBLES DANS SON JARDIN, SI ?

Comment réaliser le subterfuge ?

Bon OK, il est possible de ne pas bien s'entendre avec le voisinage, mais ça ne veut pas dire que les voisins méritent nos rejets de jardin. Eh oui ! ils vont bien finir par remarquer qu'il y a recrudescence de limaces et d'escargots dans leur espace de vie extérieur ! Et si vous êtes percé à jour et reconnu comme lanceur de limaces, ça va créer des tensions et des conflits... C'est chaud ! Donc, il faut la jouer fine, y aller avec parcimonie, et peut-être répartir dans tout le voisinage. Un petit peu par-ci, un petit peu par-là... Parce que les années à l'hiver doux et à l'été pluvieux, il risque d'y avoir de la bestiole pour tout le monde !

Déplacer des nuisibles, c'est autorisé ?

Ben... Faites gaffe, car dans certaines communes, des règlements locaux existent et peuvent interdire le déplacement des nuisibles chez autrui. Et autrui, ça comprend les voisins ! De toute façon, notez que déplacer les limaces et les escargots ne résout pas le problème à long terme. Les gastéropodes peuvent revenir, d'autres apparaître. La nature suit son cours...

Après tout les gastéropodes et les autres parasites du jardin ne connaissent pas les limites de propriété...

Comment procéder avec discrétion ?

C'est là la grande difficulté du truc ! Vous n'imaginez quand même pas débarquer vers la clôture du voisin et balancer les bestioles en pleine journée ? L'action ne peut se faire qu'en soirée, et même plutôt dans la nuit. Bien sûr, si les voisins sont en vacances, c'est mieux, mais là, ça suppose de mener l'enquête. Ça va trop loin, cette histoire !

3 EFFICACITÉ

12. LES EMPORTER EN FORÊT

MAIS OUI… ON SE DIT QU'ELLES Y SERONT MIEUX, DANS CE MILIEU NATUREL, À BOULOTTER LES FEUILLES DES ARBRES PLUTÔT QUE LES FEUILLES DE NOS SALADES. ON SE PERSUADERAIT PRESQUE QUE C'EST UNE BONNE ACTION. PRESQUE ! OUI MAIS NON ! C'EST UN PEU PLUS COMPLEXE QUE ÇA, *SORRY.*

Pourquoi c'est pas top ?

Vous aimez la forêt ? Vous vous y baladez le dimanche (ou un autre jour, faites comme vous voulez), y faites même des pique-niques ou des parcours de santé ? On a besoin des forêts pour encore bien plus de raisons que notre unique plaisir. Or, les forêts ont leur propre équilibre écologique, donc si vous y introduisez des limaces de votre jardin, ce sont des limaces qui ne sont pas natives de cet écosystème ! Leur présence peut perturber l'équilibre naturel du lieu.
Et pire, les bestioles peuvent transporter des maladies ou des parasites qui pourraient affecter la faune et la flore locales.

R-E-S-P-E-C-T

Respectez les écosystèmes naturels. Dans certaines régions ou communes, il y a des règlements spécifiques concernant la protection des espaces naturels. En plus, déplacer les limaces du jardin en forêt ne garantit en rien qu'elles y restent, car ce n'est pas leur milieu naturel ! Et on parie qu'une limace qui boulotte habituellement des feuilles de salade ne trouve pas dingue de manger des feuilles de chênes ? Comme on les comprend !

Info ou intox ?

Et là, vous vous dites : « C'est pas un peu exagéré, cette histoire ? C'est pas la centaine de limaces et d'escargots que j'ai déposés qui va perturber l'équilibre de cette immense forêt, quand même ! »
Et pourtant si… Le problème, c'est qu'on est un paquet à penser de la sorte ! En clair, tous les dépôts cumulés de limaces en forêt, eh bien, ça fait boule de neige : cette série de conséquences de plus en plus importantes se développant de manière exponentielle !

EFFICACITÉ 2 EFFICACITÉ

13. METTRE DES TUILES OU DES PLANCHES

EST-CE QU'ELLES NE SONT PAS UN PEU JOUEUSES, NOS LIMACES ? ELLES ADORENT SE CACHER DANS LES RECOINS DU JARDIN... ALORS JOUONS LE JEU ; PROPOSONS-LEUR DES CACHETTES ! ET C'EST UNE EXCELLENTE IDÉE... POUR LES DÉBUSQUER !

Pourquoi se planquent-elles ?

Elles ont d'excellentes raisons de le faire, et on pourrait même dire que c'est carrément vital. D'abord, pour éviter de s'exposer à leurs prédateurs naturels que sont les oiseaux et les hérissons, par exemple. Ensuite, il faut se rappeler que ce sont des mollusques ! Donc il leur faut des endroits plutôt humides pour éviter la déshydratation. Conséquence directe : le soleil, eh bien ce n'est pas leur truc, car ça les dessèche rapidement. Dans leurs planques, elles passent aussi du temps à se reposer et à digérer, un peu comme nous, lors de nos siestes. Et puis, elles y sont à l'abri pour se reproduire et pour pondre, là encore, un peu comme nous, quoi...

Tuiles ou planches, que choisir ?

C'est comme vous voulez, prenez ce qui est dispo à la maison ! Cependant, utilisez des tuiles en terre cuite suffisamment grandes pour offrir une bonne cachette, et évitez celles trop lourdes afin de ne pas vous déboîter l'épaule à chaque contrôle. Les planches en bois avec lesquelles vous créez des passages au jardin sont parfaites.

Que faut-il faire avec ça ?

Posez les tuiles ou les planches directement sur le sol, ne les enfoncez pas, car il faut un peu d'espace pour que les limaces et les escargots se glissent dessous. Puis le jeu commence... De temps en temps, vérifiez sous les tuiles ou les planches, le matin ou au crépuscule : il devrait y avoir du monde sous le tapis !!

EFFICACITÉ 2

14. PLACER DEUX POTS RETOURNÉS

MAIS C'EST QUOI, CETTE ASTUCE PLUTÔT BIZARRE ? UN POT, OK, MAIS DEUX... ÇA SERT À QUOI ? ON NOUS POUSSERAIT PAS UN PEU À LA SURCONSOMMATION, LÀ ? C'EST COMME VOUS VOULEZ, MAIS AVEC DEUX POTS, ON GAGNE LARGEMENT EN EFFICACITÉ !

L'idée de ce piège...

C'est tout simplement de créer de faux abris, des lieux de repos artificiels pour accueillir les limaces. Un peu à l'instar des tuiles et des planches, mais si on a pléthore de pots et pas de tuiles ni de planches, on fait avec... les pots ! Vous avez du pot d'avoir des pots, c'est simple !

Les limaces sortent la nuit ou quand il pleut. Le jour, comme elles ne sont pas dingues du soleil, qui les dessèche, elles cherchent un abri sombre et humide. Et sous les pots, ce sera l'emplacement idéal !

Comment mettre ce piège en place efficacement ?

Sur la terre du jardin, déposez un petit tas de déchets végétaux (c'est l'appât), puis recouvrez-le des deux pots emboîtés. Il suffit ensuite de « cueillir » les limaces tôt le matin ou tard le soir. Encore une récolte à gérer... Pffffff !

Pourquoi deux pots ?

Le mieux est d'utiliser des pots en terre cuite, car les pots en plastique restituent la chaleur, et c'est pas top dans la stratégie de notre astuce. Choisissez deux pots de taille différente, parce qu'on va les emboîter. S'ils sont de la même taille, ben ça passe pas ! N'optez pas non plus pour un pot de la taille d'une bassine et l'autre d'un dé à coudre... D'une seule taille inférieure, c'est top ! Les deux pots permettent de limiter drastiquement l'action du soleil ; un seul pot ne limite pas suffisamment la chaleur. Au centre du deuxième pot, où les bestioles vont nicher, la température sera fraîche et l'humidité au rendez-vous.

EFFICACITÉ 2

15. LA BARRIÈRE DE CURE-DENTS

L'IDÉE EST DE CRÉER UNE BARRIÈRE. QUE DIS-JE, UNE BARRIÈRE ? UNE FORTERESSE TOUT AUTOUR DE LA PLANTE À PROTÉGER. ET CECI AVEC MOULT CURE-DENTS POUR EMPÊCHER LES LIMACES ET LES ESCARGOTS D'ATTEINDRE LE VÉGÉTAL ! SI ON VOUS DEMANDE D'ALLER EXPLIQUER VOTRE TECHNIQUE À UN DÎNER, MÉFIEZ-VOUS...

Comment réalise-t-on ce piège ?

La technique est simple : on plante les cure-dents dans le sol tout autour des plantes à protéger. Il faut espacer les cure-dents de quelques centimètres les uns des autres, mais pas trop quand même, pour que les limaces et les escargots ne passent pas entre eux. Le piège cure-dents suppose que les mollusques vont avoir du mal à franchir cet obstacle en raison de la texture rugueuse des bâtonnets. Mouais...

Et 4 heures plus tard...

En tout cas, ce qui est sûr, c'est qu'il va vous falloir un sacré bout de temps pour réaliser vos pièges ! Imaginez le nombre de cure-dents à planter autour des plants de salade à repiquer afin de réaliser une véritable barrière. Bonjour le taf !

Réaliste ou pas ?

Si ça vous fait plaisir... Mais il y a quand même des indices qui pourraient vous aider dans la prise de décision de mettre ou non ces pièges en place !

Des limaces, pendant la saison jardin, d'avril à octobre, il y en a de toutes tailles : des grosses, des grandes, des petites et des très petites, et toutes sont promptes à boulotter voracement vos laitues. Alors va falloir la jouer collé-serré du côté de la barrière de cure-dents ! Imaginez le temps de mise en place ! Parce que, au fait, une salade, ça grossit... Va falloir repousser la barrière au fur et à mesure du développement des plants... Patience et courage !

Le temps que vous réalisiez vos créations, les gastéropodes seront sans aucun doute déjà venus à bout de vos salades.

EFFICACITÉ 1 EFFICACITÉ

16. L'ANNEAU DE PROTECTION INCURVÉ

ON APPELLE ÇA AUSSI DES COLLIERS OU DES BARRIÈRES ANTI-LIMACES ET ESCARGOTS. CE SONT BEL ET BIEN DES DISPOSITIFS PHYSIQUES POUR PROTÉGER LES PLANTES. IL FAUT DIRE QUE CETTE BARRIÈRE EST PARTICULIÈREMENT EFFICACE !

Ça ressemble à quoi ?

L'anneau de protection est en plastique lisse, donc ce n'est pas facile de s'y accrocher, même pour une limace. La paroi est inclinée de telle sorte que l'anneau a une forme évasée. La partie à enterrer dans le sol est la moins large, tandis que la partie supérieure est la plus large, et son bord est recourbé vers le sol. Imaginez l'anneau planté en terre avec le plant de salade au centre. La limace entreprend de grimper sur l'anneau. Bon, déjà, c'est pas simple, ça glisse, mais ensuite, lorsqu'elle arrive au sommet, le bord incurvé la précipite dans le vide. Retour au sol !

Il en faut à gogo, de ces anneaux, pour tout protéger !

Si vous voulez mettre un anneau à chaque plante du jardin, effectivement, il va vous en falloir un sacré paquet. Le côté esthétique de votre potager et votre porte-monnaie vont en prendre un coup ! Réservez donc ces barrières pour les plantules qui viennent juste d'être installées. Et visez aussi celles dont ces gastéropodes raffolent : les salades, les œillets d'Inde, les dahlias...

Ils sont réutilisables ?

Les limaces sont surtout intéressées par les jeunes feuilles tendres à souhait. Une fois que la plante a dépassé le stade de la plantule, les bestioles les laissent un peu de côté. C'est le moment d'envisager de protéger d'autres jeunes plantations et de réutiliser les anneaux. Ces pièges sont finalement parfaits pour vous aider à étaler dans le temps vos cultures ! En fin de saison, lavez-les et stockez-les.

EFFICACITÉ 1

17. DES NÉMATODES ? C'EST GORE !

On utilise les nématodes exclusivement d'avril ou mai à septembre.

UTILISER DES ORGANISMES VIVANTS ET NATURELS POUR LUTTER CONTRE D'AUTRES ORGANISMES VIVANTS ET NATURELS, C'EST... NATUREL, APRÈS TOUT ! C'EST LA GUERRE AU JARDIN !

C'est quoi, des nématodes ?

Ce sont des vers microscopiques qui se trouvent à l'état naturel dans nos sols. Et il en existe de très nombreuses espèces. On va distinguer les gentils des méchants. Pour nous, les gentils, ce sont ceux qui nous rendent service. Les méchants, ce sont ceux qui nous embêtent. Vous l'aurez compris, ce n'est qu'un point de vue humain, car les nématodes, eux, vivent leur vie sans se préoccuper de ces jugements.

Méchants ou gentils, ils font quoi, ces vers ?

Les méchants mangent par exemple les petites racines de vos plantes. Quand vous sortez de terre un pied de tomates qui vient juste d'être planté mais qui n'a plus de racines, dites merci aux méchants nématodes !

Les gentils, eux, on va s'en servir contre les limaces. Une certaine espèce de nématodes (*Phasmarhabditis hermaphrodita*) va les parasiter : ils pénètrent dans la limace par ses orifices naturels ou par sa peau et, à l'intérieur, ils libèrent des bactéries qui se multiplient et tuent la limace en quelques jours. Puis les nématodes se nourrissent des tissus de la limace morte. Ils se reproduisent et libèrent une nouvelle génération de nématodes dans le sol, prêts à boulotter d'autres limaces. Gooooore, non ?

Comment ça se présente, ce produit ?

On le trouve sous la forme d'une poudre contenant des nématodes vivants. Il faut la mélanger à l'eau d'arrosage. Mais le sol doit être assez réchauffé pour que les nématodes y pénètrent facilement.
Et comment sait-on que le sol est assez réchauffé ?
C'est quand le lilas est en fleurs, pas avant.

EFFICACITÉ 2 EFFICACITÉ

18. LES HÉRISSONS, GLOUTONS OU PAS !

Si vous avez un chat ou un chien ou qu'un rena passe de temps en temps oubliez, car ce sont ses prédateurs naturels.

LES HÉRISSONS SONT LES PRÉDATEURS NATURELS DES LIMACES ET DES ESCARGOTS. ÇA VEUT DIRE QU'ILS AIDENT À RÉGULER LES POPULATIONS DE CES MOLLUSQUES. MAIS À QUEL POINT ?

Alors, fans de limaces, les hérissons ?

Les hérissons sont omnivores : ils boulottent des insectes, des vers, des limaces, des escargots, des petits mammifères, des oiseaux, des œufs, des fruits et des champignons. Ils ont certes une préférence pour les invertébrés, car ils sont faciles à choper et constituent une bonne source de protéines, mais de là à ne manger que des limaces et des escargots... Mettez-vous à leur place, vous mangeriez des escargots tous les jours, vous ? Et là, ils sont servis sans le beurre à l'ail ! Gloutons, oui, mais en diversifiant leur nourriture.

Un hérisson dans mon jardin...

Vous avez déjà essayé de garder un hérisson chez vous ? Y'a toujours un voisin qui est plus malin et qui y arrive facilement... Cela dit, on peut affirmer que c'est quand même compliqué. Mais si vous voulez que le hérisson mange quelques limaces et deux ou trois escargots, faut bien qu'il reste en place. Vous voulez tenter le coup ?

Que faire pour espérer qu'ils restent au jardin ?

Créez-leur des abris au fond du jardin, dans la partie la plus calme. Les hérissons aiment se cacher et hiberner dans des tas de feuilles mortes, des bûches ou des piles de bois. Il existe même des cottages à hérissons ! Plus votre jardin est biodiversifié, plus le hérisson trouvera ses aliments. Posez un bol d'eau fraîche près de l'abri, quelques fruits et un peu de croquettes pour chats : ils en sont dingues ! Mais pas trop, parce qu'il faut qu'ils aient encore faim pour croquer vos mollusques !

2 EFFICACITÉ

19. MON CANARD ? UN COUREUR INDIEN

UN COUREUR INDIEN ? EN VOILÀ UNE BESTIOLE RIGOLOTE... ! CETTE RACE DE CANARDS DOMESTIQUES ORIGINAIRE D'ASIE DU SUD-EST A DES CARACTÉRISTIQUES UNIQUES, AVEC SON LONG COU ET SON CORPS MINCE... TU M'ÉTONNES, LES FOOTINGS, C'EST SON TRUC !

C'est quoi, cette race ?

On distingue aisément les coureurs indiens des autres canards, car ils affichent une silhouette élancée et un port vertical ; ils sont tout droits, en quelque sorte ! Le plumage est lisse et plutôt varié en couleurs : il y a du blanc, du noir, du chocolat, du gris, et même du bleu. Ils sont très jolis. On pourrait envisager d'acquérir un coureur pour combattre les limaces. Certes, ils en mangent, mais en quantité raisonnable...

Deux gestions possibles du poulailler

La première : vous laissez les coureurs indiens dans le jardin la journée. Ils vont creuser et déféquer de-ci, de-là, et ça ne sera pas forcément à votre goût ! La deuxième : vous les laissez dans l'enclos tout le temps et vous leur apportez les limaces... Mais dans ce cas, il vous faut un très grand enclos, car ce sont, devinez... Des coureurs !

Leur bec, long et droit, est leur atout majeur : il leur permet de fouiller le sol efficacement à la recherche de nourriture (insectes, vers et petits invertébrés).

Que faut-il prévoir pour en avoir au jardin ?

C'est une volaille, et comme pour toutes les volailles, il est important de les protéger des prédateurs. On pense aux renards, en priorité ! Donc il leur faut un abri sûr et sécurisé, au moins pour les nuits. Ce qui implique que vous allez soit les rentrer toutes les nuits et les sortir tous les matins de leur poulailler, soit faire que votre jardin tout entier soit hypersécurisé contre les prédateurs...
Et pour cela, il faut un peu de matériel et d'organisation !

20. LES PETITES POULETTES

TOUTES LES RACES DE POULES CONTRIBUENT À RÉDUIRE LES POPULATIONS DE LIMACES ET D'INSECTES, MAIS IL FAUT GÉRER L'ACCÈS À LEUR ENVIRONNEMENT… ET C'EST EN CE SENS QU'IL VA FALLOIR PRÉVOIR LEUR ARRIVÉE !

Double avantage ?

Ne cherchez pas une race de poules spécifiquement dévoreuses de limaces, il n'en existe pas. En revanche, la bonne nouvelle, c'est que toutes les races sont susceptibles d'avaler des limaces… de temps en temps.

Eh oui ! elles sont omnivores et ont donc besoin d'un régime très diversifié, pas uniquement des limaces ! Un régime varié, avec graines, épluchures, fruits, végétaux, insectes, mollusques, restes de repas… Tout cela est salutaire à leur croissance et à leur ponte.

Un poulailler…

Faire un poulailler est une excellente idée, d'abord pour mettre les volailles à l'abri des renards. Mais pas que, car il y a d'autres prédateurs et d'autres profiteurs. Les buses sont capables de chiper et d'emporter leurs proies dans les airs. Les rats, qui passent sous le grillage, profitent et viennent boulotter les graines, etc. En clair, faire un poulailler demande une vraie stratégie de protection de vos gallinacés !

La bonne idée, c'est de les lâcher dans le jardin ?

Oui et non !

Oui, car elles vont gratter la terre pour débusquer des limaces et autres vers.

Non, car elles vont gratter la terre pour débusquer des limaces et autres vers… en défonçant vos parcelles, en déterrant vos plantes et en déféquant là où la matière veut bien se poser ! Bon OK, la fiente de poule est un apport très intéressant au jardin, mais quand vous ou vos petits-enfants y aurez plongé les doigts par inadvertance, ça va pleurnicher dans les chaumières !

EFFICACITÉ 3

21. REMPLACER LE JARDIN PAR UN PARKING

C'EST TENTANT… PARCE QUE LE JARDIN, ENTRE LES GUÊPES, LES MALADIES DES PLANTES ET LES LIMAAAACES… BREF, LA COUPE EST PARFOIS PLEINE À RAS BORD. ALORS, ON REDESCEND, ON RESPIRE ET ON SE CALME !

Gazon *vs* bitume, ça donne quoi, côté environnemental ?

Le gazon absorbe le dioxyde de carbone et libère de l'oxygène. Il filtre les polluants atmosphériques et réduit la température ambiante par évapotranspiration. Autre avantage, il absorbe l'eau de pluie et contribue à la recharge des nappes phréatiques. Le gazon stabilise aussi le sol et prévient l'érosion.

Quant au bitume, il émet du dioxyde de carbone. Il ne permet pas l'infiltration de l'eau de pluie, augmente le ruissellement et les risques d'inondation, absorbe et retient la chaleur ; c'est un îlot de chaleur garanti.

Jardin ou parking ?

Le jardin offre un îlot de verdure, un bel espace de vie extérieur. C'est là que l'on marche, joue, mange, récolte nos fruits et nos légumes, là où l'on fait la sieste. Le jardin, avec son gazon, absorbe le bruit, réduit la pollution sonore. Le bitume, lui, donne une apparence moins naturelle. C'est une surface dure, peu confortable pour les activités de loisirs, et il augmente le risque de blessures. En plus, il réfléchit le bruit ; bonjour la pollution sonore !

Je dis ça…

Au fait, saviez-vous que jardiner est un vrai sport ?

Le désherbage et l'arrosage équivalent à une marche rapide ou à une promenade à vélo à un rythme modéré. Le bêchage et le ratissage, à une séance de vélo à un rythme modéré ou à une séance de natation à petit rythme. Creuser et transporter de la terre ou du terreau, c'est une séance de jogging ou une séance de natation à un rythme soutenu. Choisis ton camp, camarade !

Allez, un dernier problème : le bitume peut libérer des composés organiques volatils et d'autres polluants.

EFFICACITÉ 1

22. BIODIVERSIFIEZ VOTRE JARDIN

AVOIR DES LIMACES ET DES ESCARGOTS AU JARDIN EST SALUTAIRE POUR ATTIRER LEURS PRÉDATEURS. AVOIR LEURS PRÉDATEURS, C'EST CONTRIBUER À UNE FORME DE BIODIVERSITÉ ! ALLEZ, ON CAUSE DE LA CHAÎNE ALIMENTAIRE.

La chaîne alimentaire

La chaîne alimentaire est un réseau complexe d'interactions entre différentes espèces, où chaque organisme joue un rôle crucial dans le maintien de l'équilibre écologique. Pour faire simple et imager le propos : les pucerons sont mangés par les coccinelles, qui sont mangées par les oiseaux, qui sont mangés par les chats et les renards, qui font le repas des aigles et des loups, etc. Et ceci jusqu'au dernier prédateur : l'humain ! Qui finit lui aussi mangé par les vers.

Casser la chaîne alimentaire, les conséquences

Alors, qu'est-ce qui se passe lorsqu'on casse la chaîne alimentaire en éradiquant une espèce ? En reprenant l'exemple ci-dessus, si vous éliminez tous les pucerons du jardin, le régime alimentaire des coccinelles va être chamboulé, entraînant leur mort. S'il y a peu de coccinelles, ça va poser le problème du régime alimentaire des oiseaux. Et ainsi de suite, jusqu'au dernier prédateur… Qui est… ?

Gardez la chaîne alimentaire intacte !

Si vous voulez garder votre jardin en équilibre, avec une chaîne alimentaire sans trous, biodiversifiez vos cultures pour pouvoir accueillir tout ce petit monde ! Et ainsi, vous allez forcément avoir les prédateurs naturels des limaces, comme les crapauds, les hérissons, les lézards, certains nématodes et les oiseaux. Les mésanges sont connues pour se nourrir de limaces, surtout des jeunes et des œufs. Les merles et autres oiseaux omnivores les consomment bien volontiers également. Les grives sont tout aussi efficaces contre les limaces et les escargots.

23. LES PLANTES REFUGES, GÉOLOCALISATION

EFFICACITÉ 2

LES PLANTES REFUGES SONT UN EXCELLENT MOYEN D'INVITER LES LIMACES À Y RÉSIDER. C'EST QU'ON VA BIEN LES CHOYER, LES BAVEUSES, MAIS SURTOUT, CES PLANTES VONT NOUS PERMETTRE DE LES GÉOLOCALISER FACILEMENT.

Recherches et exigences

On va reprendre le cahier des charges d'une limace en passe de s'installer pour la saison. Le lieu d'habitation doit correspondre à des attentes précises :

- Une bonne protection contre le soleil ; il faut donc une plante aux feuilles bien épaisses.
- Un endroit humide à souhait. Donc un végétal aux très nombreuses tiges avec une base très dense et touffue.
- Pas trop loin du restau... Donc proche du potager. Une limace fait maximum 7 mètres par sortie, si c'est moins, elle est évidemment preneuse.
- Et si ladite plante-maison est comestible et sans épines, alors elle sera à son goût.

C'est top, chef !

Les bons plans

Toutes les plantes dites couvre-sols sont susceptibles de répondre à la première exigence. Comme elles couvrent le sol, elles sont préconisées pour limiter le désherbage grâce à leur couvert végétal dense et retombant. Du coup, le soleil n'y pénètre pas ; il ne touche pas le sol, ce qui est juste parfait. Mais certaines plantes couvre-sols ont des épines, et là, évidemment, elles passent leur tour.

Elles adorent par exemple la Centaurea montana (le bleuet, quoi), aux feuilles épaisses, ou le raifort, cette plante condimentaire piquante aux grandes et larges feuilles.

Le panier est plein

Avec ces plantes, vous êtes certain de trouver les bestioles : elles s'y logent à coup sûr. Après quoi, il vous suffira d'aller prélever les pensionnaires en matinée ou en début de soirée.

EFFICACITÉ 2

24. LE COMPOSTAGE DE SURFACE

EN VOILÀ UNE IDÉE QU'ELLE EST BONNE, ET À BIEN DES ÉGARDS ! BON, LE COMPOSTAGE, VOUS CONNAISSEZ ? MAIS « DE SURFACE »... VOUS ALLEZ VOIR, C'EST SIMPLE. C'EST COMME LE COMPOSTAGE... MAIS EN SURFACE ! C'EST POURTANT CLAIR !

Compostage et limaces

La limace est un mollusque terrestre détritivore. Son rôle est important et précis. Elle ingurgite les végétaux et des insectes du sol, mais morts... Même s'il est vrai que les feuilles d'une salade bien fraîche ne la rebutent pas. En tout cas, c'est pour son côté détritivore qu'on va l'apprécier dans cette technique de compostage de surface. D'ailleurs, petit indice, on retrouve souvent ces bestioles en nombre dans le tas de compost. Et c'est là que naît l'idée du compostage de surface !

Accord gagnant-gagnant

Alors, elle est pas géniale cette technique ? On va juste permettre aux gastéropodes de jouer leur rôle naturellement. Et nous, on va juste avoir moins de boulot à faire ! Rassurez-vous, les déchets restés au sol vont être ingurgités rapidement, comme ça, vous n'aurez pas de réflexions de tata Suzanne, qui répète à qui veut l'entendre : « On n'est pas des souillons, tout de même ! »

Un coup de sarcloir, et on file à l'apéro

Le désherbage, on est bien d'accord, c'est pas ouf comme activité. Mais quand on utilise un sarcloir, ça devient plus sympathique. Le sarcloir est un outil doté d'un grand manche qui supporte une lame inclinée permettant de couper la partie aérienne de l'herbe indésirable. D'habitude, on ramasse cette partie du végétal et on la dépose au compost. Eh bien, on vous propose de la laisser sur place ! On sarcle, et les limaces font le reste. Elles vont jouer leur rôle en boulottant les végétaux morts que vous avez laissés là.

EFFICACITÉ 2 EFFICACITÉ

25. UNE BARRIÈRE ÉLECTRIQUE

Pour les doués du bricolage, il est possible de fabriquer une barrière maison. Il existe de nombreux tutos sur le sujet.

UN RUBAN ÉLECTRIQUE QUI FAIT BARRIÈRE AUX LIMACES ET AUX ESCARGOTS ? ÇA DOIT QUAND MÊME LEUR FAIRE DRÔLE, LE COUP DE JUS, AUX GASTÉROPODES. INSTANTS VIBRANTS EN PERSPECTIVE.

Comment ça fonctionne ?

Dans le ruban autocollant, il y a deux bandes de contact parallèles, et ces deux bandes sont conductrices. Une fois la barrière posée et branchée, un faible courant électrique circule ponctuellement. Alors rassurez-vous, les escargots et les limaces ne meurent pas électrocutés. Ouf, soulagé, non ? Parce que le cri de la limace ou de l'escargot est assez terrifiant... Si on peut éviter...

Peut-on la positionner partout ?

Eh non, c'est là qu'est l'os, hélas... Car la barrière électrique est prévue pour être installée et collée sur un support. Un pot, une vasque, un carré en bois, une balconnière... Ce que vous voulez, pourvu qu'il y ait une surface où positionner le ruban.
Donc l'idée de l'utiliser au jardin autour des salades est envisageable à condition d'avoir un support. Et ce support, il faudra le créer. Utilisez un anneau de protection, par exemple. Voilà du boulot en perspective avant les récoltes !

Touché, mais pas coulé

Une fois que la bestiole a pris sa petite décharge électrique, elle fait demi-tour. Elle repart en direction d'une autre plante... Pourvu que celle-ci aussi ait sa barrière ! La barrière est efficace dans un parcage pour l'élevage d'escargots, par exemple, mais pour la protection de jeunes plantes, ça demande un peu (beaucoup) de bricolage et d'organisation !

26. PURIN DE PURIN… DE FOUGÈRES !

EFFICACITÉ 1

Veillez à ne pas prélever toutes les fougères dans la même zone histoire de ne pas perturber l'écosystème local.

DANS LA CATÉGORIE DES PURINS DE JARDIN, VOICI LA VERSION AVEC DES FOUGÈRES. ET COMME D'HABITUDE, PRÉVOYEZ LA PINCE À LINGE À PLACER SUR LE NEZ ! C'EST LA MACÉRATION QUI PEUT DÉGAGER UN PARFUM MALODORANT !

Fougères ou… fougères ?

Votre purin de fougères est réalisable avec tous types de fougères. La fougère-aigle (*Pteridium aquilinum*) est répandue dans de nombreuses régions, elle a de grandes frondes. La fougère mâle (*Dryopteris filix-mas*) est très commune dans les forêts et les zones boisées, et la fougère femelle (*Athyrium filix-femina*), dans les zones humides et ombragées.

Comment réalise-t-on ce purin de fougères ?

Le purin se réalise à partir de feuilles fraîches qui viennent juste d'être cueillies. Comme pour tous les purins, la première étape est la macération. Placez les feuilles dans un récipient et couvrez-les d'eau. Laissez macérer pendant une semaine. Remuez régulièrement. Ensuite, on filtre pour retirer les feuilles et les débris. N'utilisez pas la macération pure, il faut la diluer. La bonne mesure est 1 litre de purin pour 10 litres d'eau. Ah oui ! pendant la macération, le parfum dégagé peut devenir malodorant. Préparez le purin dans un endroit bien aéré ou à l'extérieur…

Et on l'utilise comment ?

Le purin de fougères contient des composés naturels qui sont désagréables pour les limaces. C'est donc un répulsif, dissuadant les limaces de s'approcher des plantes traitées. Il est non toxique pour les humains et pour les animaux domestiques. Faites simple : vaporisez sur les plantes ou arrosez le sol autour pour créer une barrière répulsive.

EFFICACITÉ 2

27. DU BRF MAISON

LE BOIS RAMÉAL FRAGMENTÉ (BRF) A UNE COTE FOLLE DEPUIS QUELQUES ANNÉES. AVANTAGE OU INCONVÉNIENT, C'EST UNE HISTOIRE DE POINT DE VUE. ON FAIT JUSTEMENT... LE POINT !

C'est quoi, le bois raméal fragmenté ?

Le BRF est une technique de gestion des sols qui utilise du broyat de branches. Si vous avez un broyeur, chez vous ou dans votre commune, et des arbres ou des arbustes dans votre jardin, vous pouvez faire votre BRF avec les branches et tous les rameaux frais, ceux qui font moins de 7 centimètres de diamètre, issus de vos tailles. Il suffit de les broyer. Le broyat obtenu, c'est du BRF. Ensuite, vous pouvez le déposer sur le sol de votre espace de vie extérieur, et même dans les pots pour faire un paillage végétal naturel, et économique !

Avantages et inconvénients

Côté avantages, le BRF améliore la structure du sol, il l'aère et retient l'eau. Les broyats frais sont colonisés par des champignons et des bactéries du sol, ce qui stimule la vie microbienne et garde ainsi votre sol vivant. Comme il forme une couche protectrice sur le sol, c'est un paillage efficace pour limiter les herbes indésirables.

Côté inconvénients, c'est un formidable refuge pour les limaces en raison justement de son humidité. Le BRF leur offre de fabuleuses cachettes, et comme il se décompose, il attire les insectes et les micro-organismes que les limaces vont allégrement déguster.

Comment utiliser le BRF ?

Placez le BRF sur le sol de vos cultures pérennes. Sous les arbustes, en paillage de vos haies, dans les massifs de fleurs vivaces, mais surtout pas au potager ! Eh oui, au potager, le BRF offre le gîte, et vos légumes, le couvert... Mettez-vous à la place des gastéropodes : pourquoi aller chercher plus loin ?

Une bonne couche d'au moins 10 centimètres, c'est top !

28. DU SEL ET DU VINAIGRE BLANC

EFFICACITÉ 2

ET NOUS VOILÀ PARTIS POUR UNE PETITE VINAIGRETTE MAISON ! ÇA NE VOUS DONNE PAS ENVIE D'UNE BONNE SALADE DE LIMACES ET D'ESCARGOTS, À VOUS ? NON MERCI, SANS FAÇON.

L'action du sel et du vinaigre sur les gastéropodes

Le sel tue très rapidement les limaces en les déshydratant. Lorsque les limaces entrent en contact avec le sel, elles perdent rapidement toute l'eau de leur corps et meurent inexorablement.

Quant au vinaigre, c'est pareil : la mort est plus ou moins rapide. Mais là, c'est l'acidité du produit qui est d'une redoutable efficacité. Lorsqu'on arrose nos limaces avec du vinaigre, ça les brûle et ça les tue. Donc les deux procédés sont assez barbares.

Comment gérer ?

Pour le sel, la méthode suggère de saupoudrer une petite quantité de sel directement sur les limaces. Sinon, vous pouvez aussi créer des barrières de sel autour des plantes qui sont particulièrement vulnérables aux attaques de limaces et d'escargots, en traçant une fine ligne de sel autour de leur base.

Pour le vinaigre, c'est pareil, on utilise alors un pulvérisateur.

Bon, le hic, c'est que pour la première solution, il faut faire limace après limace. Et pour la seconde, saupoudrer ou vaporiser ces produits sur le sol, c'est vraiment pas top !

Pourquoi ce n'est pas top ?

Le sel et le vinaigre sont très corrosifs. Non seulement ils peuvent brûler les feuilles et les racines des plantes, et donc les abîmer, mais en plus, une fois sur la terre, ils y pénètrent et tuent toute la vie microbienne du sol. Sous leur effet, votre terre de jardin peut devenir stérile, et plus clairement, elle meurt à petit feu. Si vous avez un sol mort, évidemment, vos végétaux en place vont en pâtir, et il vous faudra ajouter de l'engrais pour que vos plantes puissent subvenir à leurs besoins !

EFFICACITÉ 1

29. RAMASSAGE OU MARAUDE ?

TELLE EST LA QUESTION ! ON LES RAMASSE, MAIS APRÈS, ON EN FAIT QUOI ? ALORS, ALLEZ-VOUS PRATIQUER LA MARAUDE POUR DÉPLACER LES BESTIOLES ? C'EST VOUS QUI VOYEZ...

Ramassage et maraude, ce n'est pas pareil ?

C'est un tantinet différent. Le ramassage est l'action de collecter les limaces et les escargots. On les place dans un récipient, souvent un seau, puis on choisit une méthode pour les éliminer.
La maraude, elle, commence de la même manière : on les collecte dans un seau, mais cette action a un tout autre but... Celui d'offrir le gîte et le couvert aux limaces et aux escargots collectés.

Les méthodes

Pour l'*after* du ramassage, ce livre vous souffle pas mal de possibilités. En clair, choisissez votre méthode d'éradication en fonction de votre sensibilité.
Pour la maraude, vous allez déplacer vos limaces et vos escargots du jardin, donc il faut mettre en place un endroit, au fond du terrain, que vous allez leur dédier. Ce lieu sera un genre de pourrissoir où vous déverserez vos déchets végétaux. À chaque maraude, vous déposerez les limaces et les escargots dans ce coin spécifique ; leur coin de paradis à eux.

La maraude, c'est un élevage ?

En quelque sorte... Comme ces gastéropodes sont importants dans la chaîne alimentaire, vous ne faites que leur attribuer une zone où ils peuvent sévir ! On sait que les limaces peuvent parcourir jusqu'à 7 mètres par sortie, mais si tout est sur place, la nourriture et la cachette, elles restent à cet endroit, qui devient alors idéal. Après, il faut espérer un bon hiver bien rigoureux pour réguler les populations en place et limiter les pontes !

EFFICACITÉ 1 EFFICACITÉ

30. DU FERRAMOL®

LE PRODUIT AUX GRANULÉS BLEUS OU BLANCS EST UN MOLLUSCICIDE DE BIOCONTRÔLE UTILISABLE EN AGRICULTURE BIOLOGIQUE. DIT COMME ÇA, C'EST COMPLIQUÉ, NON ? ON VOIT ÇA ENSEMBLE !

Quésaco, ce produit ?

C'est un genre de coupe-faim pour limaces et escargots à base de phosphate de fer. Après ingestion, les limaces cessent de se nourrir et se retirent dans leur cachette. Elles y meurent, c'est ce que veut dire le mot « molluscicide » ! Elles se cachent donc pour mourir, et c'est pour ça que vous ne voyez pas de cadavres de limaces sur le sol lorsque vous utilisez du Ferramol®. L'efficacité du produit est mise en évidence par la diminution des dégâts dans le jardin !

Comment bien l'utiliser ?

Il suffit d'épandre les granulés uniformément entre les cultures. Faites le geste auguste du semeur : le bras décrit un arc, le jardinier lance les graines dans un geste ample et généreux, sur l'ensemble de la surface à protéger.

Quand faut-il lancer les granulés ? Plutôt en début de soirée, quand les limaces quittent leur abri. Dès que vous constatez qu'ils ont disparu, épandez à nouveau pour éliminer les nouvelles limaces. Si le sol est sec, arrosez-le légèrement, ça va rendre les granulés plus appétissants pour les limaces.

Est-ce dangereux pour les animaux et la terre de jardin ?

Le phosphate de fer est un composé naturel qui se décompose dans le sol. Côté animaux du jardin et animaux domestiques, l'ingestion de Ferramol® serait gênante si elle se faisait en très grande quantité, mais granulé par granulé, le risque est quasi nul. Il suffit d'épandre comme indiqué ci-dessus, et tout ira bien… sauf pour les limaces !

L'efficacité des granulés dure au minimum trois semaines, même sous la pluie.

31. LE RUBAN EN MAILLE DE CUIVRE

EFFICACITÉ 1

VOILÀ UNE BARRIÈRE ESTHÉTIQUE MAIS QUI N'EST PAS DU GOÛT DE NOS GASTÉROPODES JARDINIERS ! ET ÇA PASSE PAS !

Ça ressemble à quoi, un ruban en maille de cuivre ?

C'est un filet en cuivre d'une dizaine de centimètres de haut souvent conçu d'une double couche de mailles tricotées où tous les anneaux sont connectés les uns aux autres. Le tissage est donc plutôt serré, ce qui donne une bonne résistance à l'étirement. Il est antirouille et résistant aux hautes températures.
Ce ruban en cuivre a une belle apparence, il apporte un côté esthétique à vos massifs et forme de jolies bordures.

Quelle action a-t-il contre les limaces et les escargots ?

Le cuivre a une certaine réactivité électrochimique et va générer un faible courant électrique. Cela rend l'escargot et la limace mal à l'aise, et du coup, ils évitent de toucher la surface en cuivre. De plus, une couche d'oxyde présente à la surface du cuivre produit beaucoup de friction entre la bave et le corps de ces gastéropodes, ce qui va les empêcher de grimper.

Et rassurez-vous, ces rubans de cuivre anti-limaces et escargots sont non toxiques et inoffensifs pour les humains et l'environnement !

Comment le placer efficacement ?

Comme il est souple et facile à manipuler, il suffit d'entourer le massif ou la culture. Vous pouvez aussi le placer dans des pots que vous voulez protéger. Piquez le bas du ruban dans la terre ou le terreau ; sa structure semi-rigide se tient en place, bien droite. Vous pouvez le couper à la longueur souhaitée et former des barrières adaptées à vos cultures. Évidemment, le jeu consiste à ne pas laisser une ouverture qui servirait de passage aux limaces et aux escargots ! Votre ruban doit former une barrière continue.

EFFICACITÉ 2 EFFICACITÉ

32. J'EN AI MARC... DE CAFÉ !

C'EST PEUT-ÊTRE CE QUE SE DISENT LES LIMACES ET LES ESCARGOTS QUAND ILS CROISENT DU MARC DE CAFÉ AU JARDIN. ALLEZ SAVOIR... EN TOUT CAS, ÇA NE DOIT PAS VOUS EMPÊCHER D'APPRÉCIER CE FABULEUX ÉLIXIR !

Pourquoi ces gastéropodes n'aiment-ils pas ça ?

Le marc de café a une texture rugueuse qui dissuade les limaces et les escargots de le traverser (on sait qu'ils préfèrent les surfaces lisses et humides). Mais c'est aussi à son acidité qu'il doit sa mauvaise réputation chez les bestioles.

Son odeur est, semble-t-il, également peu appréciée, et les incite à éviter les zones où la poudre est en place.

Comment l'utiliser ?

Pour utiliser le marc de café de façon efficace, il est conseillé de le répandre autour des plantes que vous souhaitez protéger. Bien que le marc de café soit bénéfique pour la terre en petite quantité en raison de sa teneur en azote et autres nutriments, une application excessive peut rendre le sol plus acide, ce qui risque de nuire à certaines plantes non acidophiles.

Attention, si son odeur semble rebuter les gastéropodes, elle peut attirer les chats et les chiens dans vos plantations.

Encore un café ?

Il est à noter que l'efficacité du marc de café peut varier en fonction de plusieurs facteurs, comme la quantité de pluie, l'humidité et la persistance des limaces et des escargots. Il n'est pas garanti que cela fonctionne !

De plus, il faut verser du marc de café régulièrement, surtout après la pluie, car il perd son effet répulsif lorsqu'il est mouillé. C'est un peu fastidieux, d'autant plus que pour des infestations sévères de limaces et d'escargots, lors d'une année très humide, le marc de café perd tout son pouvoir !

EFFICACITÉ 2

33. LES PLANTES RÉPULSIVES, C'EST COOL !

EUH, OUI ET NON... L'IDÉE D'AVOIR DES PLANTES QUI FONT FUIR LES LIMACES ET LES ESCARGOTS NOUS SÉDUIT FORTEMENT, MAIS C'EST MOINS SIMPLE QU'IL N'Y PARAÎT...

Quelles plantes sont réputées répulsives ?

· La bourrache est une annuelle appelée quelquefois « plante huître ». Elle a un feuillage velu gris-bleu et des fleurs en étoile blanches ou bleues.
· L'achillée est une plante vivace ou buissonnante au feuillage simple ou découpé, sa floraison va de juin à septembre.
· Le souci, plante annuelle aux fleurs orange ou jaunes qu'on ne présente plus... Normalement !
· L'hysope est un arbrisseau mellifère. Ses feuilles sont pointues et étroites, ses fleurs de couleur bleu violacé.
· L'absinthe est une vivace herbacée buissonnante aux feuilles de couleur argent. Le feuillage et les tiges dégagent l'odeur caractéristique de l'absinthe.
· La tanaisie est une vivace herbacée surtout connue pour ses propriétés insectifuges (c'est un répulsif à insectes). La liste est non exhaustive.

Qu'est-ce qui fait fuir les limaces ?

De nombreuses plantes répulsives contiennent des huiles essentielles qui dégagent des composés chimiques volatils. Ces composés peuvent être désagréables ou toxiques pour les limaces et les escargots.

Leur efficacité est-elle reconnue ?

Les plantes ne forment pas une barrière inviolable. Si le temps est pluvieux, si les gastéropodes sont nombreux et que leur faim dépasse l'entendement, aucun végétal ne fera barrière. On a même déjà vu des limaces boulotter des feuilles... de bourrache !

En tout cas, mettre de la diversité, et donc plein de composés chimiques volatils et naturels au jardin, peut incommoder ces bestioles.

EFFICACITÉ 2 EFFICACITÉ

34. À L'ASSAUT DE LA RHUBARBE

LES FEUILLES DE LA RHUBARBE N'Y ÉCHAPPENT PAS... ELLES SONT MANGÉES, GRIGNOTÉES. ON NE VA PAS SE MENTIR, ON CONNAÎT LES AUTEURS DE CES MÉFAITS ! ALORS POURQUOI NE PAS UTILISER LA RHUBARBE COMME PLANTE MARTYRE ?

En clair, pour les escargots et les limaces, y a pas photo, la rhubarbe sera toujours préférée à bien d'autres plantes.

Pourquoi la rhubarbe plus qu'une autre plante ?

Contrairement à certaines plantes du jardin qui ont des mécanismes de défense naturels comme des épines, des poils ou des substances chimiques répulsives, la rhubarbe n'a pas de défenses naturelles efficaces contre les limaces. Cela rend la plante plus vulnérable à leurs attaques. De plus, les jeunes feuilles de rhubarbe sont tendres et faciles à mâcher. Et évidemment, les feuilles tendres sont préférées, voire privilégiées... Pas folles, les bestioles !

Pourquoi utiliser la rhubarbe comme plante martyre ?

Parce que justement, les limaces et les escargots vont y venir à coup sûr ! On la sacrifie un peu, mais pas complètement, parce qu'elle va pousser quand même. La rhubarbe contient une grande quantité d'eau, et ces mollusques ont besoin d'un environnement humide pour survivre et se déplacer. Les larges feuilles de la plante leur garantissent l'humidité nécessaire à leur survie. En plus, c'est un végétal riche en nutriments, et donc une bonne source de nourriture pour nos gastéropodes.

Comment bien gérer cette plante martyre ?

La rhubarbe pousse dans des conditions de mi-ombre, idéales pour nos limaces et nos escargots. Placez vos rhubarbes éloignées du potager pour inciter vos gastéropodes à rester proches de vos plantes martyres. Quand les bestioles sont là-bas, elles ne sont pas dans vos salades, par exemple !

EFFICACITÉ 3 EFFICACITÉ

35. VIVE LE PANNEAU D'INTERDICTION !

EN VOILÀ UNE IDÉE QU'ELLE EST BONNE : METTRE UN PANNEAU D'INTERDICTION D'ACCÈS AUX LIMACES ET AUX ESCARGOTS ! ÉCRITURE OU RÉBUS, C'EST AU CHOIX !

Des écriteaux, c'est une blague ?

Évidemment… Jusqu'à preuve du contraire, les limaces et les escargots ne savent pas lire. Ces mollusques gastéropodes n'ont pas les capacités cognitives nécessaires pour comprendre ou interpréter des symboles écrits : ils possèdent un système nerveux relativement simple et leur comportement est principalement guidé par des réponses instinctives à des stimuli environnementaux comme l'humidité, la lumière, les odeurs et les textures. Ils utilisent leurs organes sensoriels, leurs récepteurs chimiques, pour détecter leur environnement et réagir en conséquence. Mais ils ne peuvent en aucun cas interpréter des informations complexes comme des textes écrits.

Des rébus, alors ?

Pareil que pour l'écriture… Les limaces et les escargots n'ont pas la capacité cognitive de comprendre ou d'interpréter des images ou des dessins. Cela dit, faites-vous plaisir, les rébus sont amusants. On essaie ?

Pour un jardin fun ?

Le jardin est un lieu de vie ; votre lieu de vie. Rien ne vous empêche d'y mettre un peu de folie. C'est aussi un moyen créatif de passer du temps avec les enfants en fabriquant des pancartes et des panneaux rigolos. Non seulement ils laissent libre cours à leur imagination, mais ils acquièrent aussi des connaissances sur le monde naturel qui les entoure.

36. SAVONNER LES POTS !

EFFICACITÉ 3

SAVONNER LES POTS DE VOS PLANTES CULTIVÉES SUR LE BALCON OU SUR LA TERRASSE, SERAIT-CE INTÉRESSANT ? MAIS IL FAUT QUE ÇA GLISSE… TOUT LE TEMPS.

Quel savon utiliser ?

Pour savonner vos pots, préférez un savon doux et naturel. Le savon de Marseille est naturel, biodégradable et sans additifs chimiques. Il est souvent utilisé dans le jardinage. Le bien connu savon noir est aussi une option naturelle ; il est d'ailleurs très utilisé comme insecticide naturel. Sinon, un savon liquide neutre, sans parfum ni additifs chimiques, peut également faire l'affaire. Assurez-vous qu'il soit biodégradable pour éviter de nuire à l'environnement, car si vous avez des pots, vous avez des plantes, et elles, elles pourraient pâtir de ce traitement.

Comment étaler le savon ?

Mélangez une petite quantité du savon choisi avec de l'eau jusqu'à obtenir une solution savonneuse, donc un peu d'eau suffit. Après, faites simple ! À l'aide d'un pinceau ou d'un chiffon, appliquez la solution sur les parois externes des pots. Assurez-vous de bien couvrir toute la surface, ne laissez pas de zones sans savon, car les limaces pourraient alors grimper en deux coups de cuillère à pot.

Ça tient combien de temps ?

Et voilà la grande problématique de l'astuce… Le savon va se dégrader rapidement, surtout sous l'effet de l'arrosage et de la pluie. Ainsi, il est nécessaire d'appliquer régulièrement la solution savonneuse pour maintenir son efficacité. Et quand on sait que ces gastéropodes jardiniers sortent quand il pleut, et que la solution savonneuse se délite sous la pluie… On peut dire que c'est plus que ballot, non ?

EFFICACITÉ 2

37. ÇA PIQUE, LES AIGUILLES DE PINS !

AVEC LES AIGUILLES DE PINS, QUI SONT GRANDES ET POINTUES À CHAQUE EXTRÉMITÉ, QUI S'Y FROTTE, S'Y PIQUE ! AÏE, AÏE, AÏE, OUILLE !

C'est le piquant, l'astuce ?

Pas seulement... Les aiguilles de pins sont certes pointues, mais elles ne sont pas assez tranchantes pour blesser les limaces et les escargots. En revanche, leur texture rugueuse est désagréable, voire très désagréable, pour ces gastéropodes. Et pour cause : les limaces et les escargots préfèrent les surfaces lisses et humides pour se déplacer facilement.

Certaines substances chimiques présentes dans les aiguilles de pins ont un petit effet répulsif sur les bestioles. Mais pas de quoi les faire fuir.

Comment disposer les aiguilles ?

Nous parlons essentiellement d'une barrière physique, donc on va disposer une épaisse couche d'aiguilles de pins autour des plantes à protéger. Le mieux est de faire un boudin circulaire autour des salades et des jeunes plants fraîchement transplantés. La barrière d'aiguilles de pins va rendre la tâche difficile aux limaces et aux escargots, il ne leur sera pas facile d'atteindre vos plantes.

Ça fonctionne tout le temps ?

Disons que les aiguilles de pins ne sont pas une solution infaillible ! Les limaces et les escargots peuvent parfois trouver un moyen de contourner cette barrière, notamment si les conditions sont très humides !

C'est surtout la texture rugueuse des aiguilles qui permet de les dissuader. Or, les jours de pluie et les saisons très humides ont raison de la rugosité des aiguilles de pins. Faut-il en remettre des sèches juste après la pluie ? À l'instar des cendres de bois, c'est possible et c'est vous qui voyez...

EFFICACITÉ 3

38. CHANSON INCANTATOIRE : « LES LIMACES »

CETTE CHANSON INCANTATOIRE VA VOUS PERMETTRE DE FAIRE FUIR LES LIMACES ET LES ESCARGOTS DE VOTRE JARDIN… SI, SI, ON VOUS JURE QUE ÇA MARCHE… SURTOUT QUAND IL NE PLEUT PAS !

Comment interpréter cette chanson ?

Placez-vous immobile au centre de votre jardin, restez stable, bien en équilibre, pieds ancrés dans le sol, penchez-vous vers l'avant et commencez à chanter. Pour le refrain, tout en chantant, joignez vos mains, pouce droit contre pouce gauche, index droit contre index gauche, etc. Et éloignez vos doigts en les resserrant pour donner la forme d'une limace imaginaire.

Les paroles du chant incantatoire

Je sais très bien qu'il faut aimer
la création dans son entier :
les hommes, les femmes et toutes les races.
Mais y a un truc, c'est dégueulasse !

Refrain : ***Les limaaaaces !***

Et tous ceux qu'ont un potager
rêvent de remplir leur saladier,
d'avoir un tas d'laitues en masse,
malheureusement elles sont voraces !

C'est beau, le jardin dans la journée,
quand le soleil n'est pas mouillé,
mais l'ennemi est dans la place,
c'est dans la nuit qu'elles font leur casse.

Les escargots sont cuisinés,
les pucerons restent discrets,
mais elles, avec leur œil salace, y faut qu'elles bavent,
même dans leur trace.

Retrouvez la chanson grâce à ce QR code

Vous auriez beaucoup de chance si ça marchait… Mais on ne sait jamais ! Et puis, si vous avez peur d'avoir l'air bête tout seul, filez l'info aux voisins !

EFFICACITÉ 2

39. UN PIÈGE À ENTERRER

UN VRAI STRATAGÈME ÉTABLI PAR UN STRATÈGE AUX INCLINAISONS SOMME TOUTE STRATÉGIQUES ! ON S'Y PERDRAIT...

Et pourtant, c'est un piège plutôt simple !

On parle de quoi ? De récipients ou de pots avec des ouvertures sur le côté. Mais ce sont bien des dispositifs de piégeage conçus pour capturer et pour éliminer les limaces et les escargots. Pour faire simple, ces contenants sont prévus pour être enterrés de manière que les ouvertures arrivent au niveau de votre terre de jardin.

Ces pièges sont une méthode écologique et non toxique pour contrôler les populations de limaces et d'escargots.

Avec ou sans appât ?

Pour attirer les mollusques jardiniers et assurer le coup, il est préférable de placer un appât à l'intérieur du piège. Ce peut être de la bière, mais si vous n'avez pas envie de sacrifier ce merveilleux breuvage et de le garder pour vos débuts de soirée créatifs, vous pouvez utiliser du lait, du jus de fruits ou les granulés antilimaces.

Comment bien installer le piège ?

Placez vos pièges aux quatre coins du potager, plutôt à l'extérieur ; pas en plein milieu de vos salades, *of course*.

Comme le piège est enterré dans le sol avec les ouvertures se trouvant dans le prolongement de la terre du jardin, les limaces et les escargots, attirés par l'appât, vont facilement se glisser à l'intérieur, alléchés. Mais une fois dedans, les bestioles tombent dans le liquide et se noient.

Il vous reste à vérifier régulièrement les pièges, non seulement pour remplacer l'appât, mais aussi pour retirer les limaces capturées. Déposez les cadavres et les survivants sur le pourrissoir au fond du jardin.

EFFICACITÉ 2 EFFICACITÉ

40. UNE BARRIÈRE DE SABLE

ET NOUS VOILÀ EN ROUTE POUR CRÉER UNE DIGUE CONTRE LA DÉFERLANTE « LIMACES ET ESCARGOTS » AU JARDIN. POURVU QU'ELLE TIENNE ET NE CRAQUE PAS SOUS LE POIDS DES MOLLUSQUES !

Pourquoi le sable ?

Le sable modelé en boudin circulaire est, à la manière d'une digue, une barrière qui peut rendre difficile l'accès aux plantes. Comme nos gastéropodes des potagers préfèrent les surfaces lisses et humides, le sable sec et granuleux, ça les dissuade.

En plus, le sable est une solution naturelle et non toxique. Il va même jouer un rôle intéressant dans l'amendement de la terre du jardin en la rendant plus drainante. Un bon plan pour les terres lourdes !

Est-ce vraiment efficace ?

S'il fait beau, c'est assez efficace. Mais s'il pleut... Encore une fois, la pluie ou l'humidité vont rendre le sable moins performant, même s'il est fait de gros grains. Pensez à vérifier régulièrement la digue et remplacez-la avec du sable sec si nécessaire.

Quel sable et comment l'utiliser ?

Utilisez un sable avec des grains pas trop fins, car les grains de sable plus gros créent une surface encore plus rugueuse et irrégulière. Cette texture va rendre difficile le déplacement des limaces et des escargots. Lorsque les grains de sable sont plus épais, ils permettent aussi un meilleur drainage, ce qui aide à maintenir leur surface sèche, et du coup, c'est moins facile pour les mollusques de s'y aventurer.

Par ailleurs, des grains plus gros sont moins susceptibles de se compacter sous l'effet de la pluie ou de l'humidité ; cela contribue à maintenir une barrière efficace plus longtemps.

Faites quand même une protectio[n] assez épaisse : 5 centimètres tou[t] autour des plantes à protéger.

2 EFFICACITÉ

41. PURIN DE RHUBARBE !

DÉCIDÉMENT, LA RHUBARBE ET LES LIMACES, C'EST « JE T'AIME MOI NON PLUS » ! ET LÀ, C'EST UN AMOUR PAS FLOU, DU TOUT...

Encore la rhubarbe ?

Ben oui, c'est vraiment une plante à avoir au jardin pour gérer les limaces et les escargots ! Les feuilles de la rhubarbe contiennent de l'acide oxalique. Et celui-là, il est toxique pour les limaces, alors lorsque les gastéropodes entrent en contact avec cette substance, ils sont dissuadés de s'approcher des plantes traitées. Pas ouf, les mollusques !

Conseils à ne pas négliger

Lors de la confection du purin de rhubarbe, portez des gants et évitez de respirer les vapeurs, car il peut être très irritant. Il se conserve dans un récipient fermé à l'abri de la lumière pendant plusieurs semaines.

Pulvérisez le purin de rhubarbe régulièrement, surtout après la pluie, pour maintenir son efficacité.

Comment faire et utiliser le purin de rhubarbe ?

Cueillez des feuilles de rhubarbe fraîches. Placez-les dans un grand récipient et recouvrez-les d'eau. Une proportion courante est 1 kilo de feuilles pour 10 litres d'eau. Mettez un couvercle sur le récipient pour éviter que des insectes ou des débris ne tombent dans le mélange et laissez macérer pendant environ trois semaines. Remuez tous les deux ou trois jours pour favoriser la fermentation. Après la macération, filtrez le mélange à l'aide d'une passoire pour retirer les feuilles et autres résidus solides. Pour utiliser le purin de rhubarbe, il faut le diluer : une part de purin pour dix parts d'eau. Versez le mélange dilué dans un vaporisateur et pulvérisez sur les plantes et autour de votre jardin pour éloigner les limaces et autres nuisibles.

2

EFFICACITÉ

42. LA BARRIÈRE DE POILS DE CHATS ET DE CHIENS

MARCHÉ JUTEUX EN PERSPECTIVE POUR LES PROPRIÉTAIRES DE CHENIL ? SINON, LE COMBO GAGNANT : GARDIEN DE CHIENS MARAÎCHER… UN NOUVEAU MÉTIER ÉTONNANT, NON ?

Quels poils au poil ?

On peut utiliser les poils de tous les chiens et de tous les chats : puisqu'ils sont souvent rugueux, ils vont irriter la peau des limaces. Ces dernières seront beaucoup moins enclines à traverser cette barrière. Mais comme vous pouvez le deviner d'avance… Ce sont avant tout les poils secs qui sont efficaces ! (Car les mollusques préfèrent toujours des surfaces lisses et humides. Le répéterons-nous un jour assez ?)

Comment procéder ?

Récupérez les poils de votre chien ou de votre chat. Les poils courts, fins et doux sont évidemment moins utiles que les poils longs et rugueux, grâce auxquels vous pouvez créer une barrière plus efficace avec une épaisseur moindre.

Justement, l'épaisseur a un rôle déterminant. Une couche de poils d'au moins 2 ou 3 centimètres d'épaisseur est souvent suffisante pour une bonne efficacité, car elle rend la surface suffisamment rugueuse et irritante pour dissuader les limaces et les escargots de la traverser. Mais si vous avez davantage de poils, une couche plus épaisse, jusqu'à 5 centimètres, offre une protection encore meilleure.

Plus la couche est épaisse au pied de la plante à protéger, plus elle est difficile à traverser pour les gastéropodes. Vous pouvez soit disposer les poils en une sorte de galette au pied de la plante, soit faire un boudin circulaire.

Est-ce durable ?

Après la pluie, les poils peuvent devenir plus compacts et moins efficaces. Vérifiez, et si c'est le cas, allez hop, brossage de Médor ! Et espérons que le vent ne s'en mêle pas pour que lesdits poils restent bien en place…

EFFICACITÉ 2

43. UNE MARE À CRAPAUDS ET À GRENOUILLES

EN PLUS, C'EST BEAU, UNE MARE, ET C'EST AGRÉABLE, LE « CHANT » DES CRAPAUDS ET DES GRENOUILLES... AH ! VOUS N'ÊTES PAS FAN DE LEURS COASSEMENTS ?

Pourquoi les crapauds et les grenouilles ?

Ce sont des prédateurs naturels des limaces et des escargots. Un crapaud adulte mange entre cinq et dix limaces par nuit, en fonction bien sûr de la taille des limaces. Les grenouilles, en particulier les espèces les plus grandes, sont capables de manger une quantité significative de ces petites rampantes. Donc si vous avez plusieurs crapauds et plusieurs grenouilles, la collecte de « l'ennemi » se diversifiera et sera plus importante !

Pourquoi se fatiguer à créer une mare ?

Pour inciter les crapauds et les grenouilles à rester chez vous et à boulotter vos limaces ! Comme ces amphibiens ont besoin d'une source d'eau constante pour rester hydratés, surtout pendant les périodes chaudes et sèches, les mares sont parfaites ! En plus, vous assurez leur reproduction, puisqu'ils pondent dans l'eau, et les têtards se développent dans cet environnement aquatique. La possibilité de reproduction est un élément capital dans le choix de leur installation.

Comment créer une mare ?

Choisissez un emplacement plutôt de mi-ombre, à l'abri des vents forts. Il doit y avoir des zones peu profondes pour les têtards et des zones plus profondes pour les adultes (60 à 90 centimètres au maximum). Installez des plantes aquatiques et des plantes de berge pour fournir des cachettes et de la nourriture. Assurez-vous que les bords de la mare soient en pente douce pour permettre aux amphibiens de sortir facilement de l'eau.

Les mares sont aussi des cachettes naturelles et attirent une variété d'insectes aquatiques et d'autres invertébrés.

EFFICACITÉ 1 EFFICACITÉ

44. UN FILET ANTI-INSECTES

VOUS VOYEZ LE FILET À PROVISIONS POUR FAIRE VOS COURSES ? EH BIEN, C'EST PAS DU TOUT CELUI-LÀ, OUBLIEZ-LE ! ALORS, PAS MOYEN DE LE RECYCLER, CE FICHU FILET ?

C'est quoi, ce filet anti-insectes ?

Le filet anti-insectes est un filet à mailles très fines, généralement en polyéthylène ou en polyester. Ses mailles sont tellement fines que même le plus petit insecte ne peut le traverser et atteindre vos plantes. Mais pour bien le positionner, il vous faut des piquets et des arceaux afin de le soutenir au-dessus des végétaux à protéger.

Le filet à insectes laisse passer l'eau et le soleil, donc les plantes vont quand même pousser. C'est tout de même mieux !

Comment l'installer ?

Installez les arceaux au-dessus des plantes que vous voulez protéger. Ils doivent être suffisamment hauts pour que le filet ne touche pas les plantes. Dans la saison, vous pourrez positionner les protections en fonction des besoins. Une fois les arceaux placés, étirez et tendez bien le filet sur les supports de manière qu'il couvre entièrement la zone à protéger. Utilisez des pinces, des élastiques ou des cordes pour le fixer correctement aux supports.

Encore une astuce ?

Enfouissez les bords du filet dans la terre. Retenez que les bestioles peuvent s'enfouir dans le sol à une profondeur de 2 à 5 centimètres. Mais dans des conditions très sèches ou très chaudes, elles peuvent descendre jusqu'à 10 centimètres afin de trouver de l'humidité et se protéger. Alors enfouissez les bords à plus de 10 centimètres dans le terrain ! En clair, si vous maintenez le filet à 15 centimètres sous la terre avec des gros cailloux, on n'est pas mal !

45. INSTALLER DES PLANTES DE GRANDE TAILLE

EFFICACITÉ 2

S'IL FAUT PLANTER DES VÉGÉTAUX DE LA TAILLE D'UN BAOBAB POUR ESPÉRER NE PAS SE LES FAIRE MANGER... ON N'EST PAS SORTIS DES RONCES !

Ma préférence à moi !

Lors d'une interview, une limace nous indiquait que sa préférence allait aux tout jeunes plants, tendres à souhait, plutôt qu'aux végétaux déjà trop poussés.

Le constat au potager est sans appel : les semis des haricots à peine sortis de terre, les jeunes plants de salades transplantés sont dévorés vitesse grand V.

Force est de constater que la limace jouait franc-jeu et ne mentait pas sur le sujet !

Pourquoi n'aiment-elles pas les grandes plantes ?

Tout simplement parce que celles-ci ont des tissus plus durs ! Les limaces et les escargots possèdent une structure buccale appelée radula. C'est une sorte de langue râpeuse couverte de petites dents qui leur permet de gratter et de déchiqueter les tissus végétaux. Mais évidemment, plus les végétaux sont tendres, plus c'est facile ! Car on parle de toutes petites dents, pour les limaces, pas des canines ou des crocs !

Comment s'y prendre ?

On va essayer de planter un maximum de végétaux de belle taille. Par exemple, pour les haricots ou les salades, on les cultive en godets individuels, et lorsqu'ils atteignent 15 centimètres de haut, on les plante au jardin. Certes, les gastéropodes vont peut-être grignoter quelques feuilles de votre plante déjà bien poussée, mais cette dernière sera assez développée pour ne pas être en danger et pour continuer sa croissance. Et puis, à ce stade, elle est beaucoup moins appétissante ! Parole de limace.

EFFICACITÉ 3 EFFICACITÉ

46. LE BICARBONATE DE SOUDE ET LE PURIN D'ORTIE, C'EST TOP !

CES DEUX-LÀ FONT LA PAIRE, ET C'EST SUPER EFFICACE AU JARDIN…
MAIS ON NE SAIT PAS VRAIMENT POURQUOI ! EH BEN TIENS, ON VA EN CAUSER !

Il est aussi insectifuge ; so odeur fait fuir les insecte comme les pucerons, mais il ne les tue pas.

Le bicarbonate de soude

Ajouté à la terre de plantation, le bicarbonate de soude aide à modifier le pH du sol, le rendant moins acide. Il s'utilise comme fongicide naturel pour traiter des maladies comme l'oïdium. Mélangez 1 cuillerée à café de bicarbonate de soude avec 1 litre d'eau et vaporisez-le sur les feuilles de la plante malade.

Le purin d'ortie

C'est un engrais naturel, et même un stimulant des plantes, grâce à sa teneur élevée en azote. Ajouté au compost, il accélère le processus de décomposition des matières organiques, améliorant ainsi la qualité du compost. À vous de faire votre purin d'ortie : cueillez des orties jeunes et fraîches. N'oubliez pas d'enfiler vos gants ! Hachez grossièrement les orties et placez-les dans un récipient ; comptez 1 kilo d'orties pour 10 litres d'eau. Laissez macérer pendant quinze jours en remuant régulièrement. Le mélange doit commencer à fermenter et à dégager une odeur forte de pipi ! Une fois la fermentation terminée, mettez votre masque et filtrez le liquide pour enlever les résidus solides. Diluez le purin d'ortie avant de l'utiliser : une part de purin pour dix parts d'eau.

Et pour les limaces et les escargots ?

Vous l'aurez compris, ils n'ont aucun effet !

EFFICACITÉ 2

47. FAIRE UNE BARRIÈRE DE FEUILLES DE RUE

Et c'est également toxique pour les animaux de compagnie.

S'IL FAUT MAINTENANT ALLER CHAPARDER DES FEUILLES DES ARBRES DES RUES, ON N'EST PAS SORTIS DE L'AUBERGE !

C'est une plante, la rue ?

Gagné ! Il s'agit de la plante dont le nom vernaculaire est « rue » et le nom latin *Ruta graveolens*. C'est une plante herbacée vivace originaire du bassin méditerranéen mais cultivée dans de nombreuses régions du monde pour ses diverses utilisations médicinales et culinaires. Dans certaines cuisines, elle est utilisée en condiment, mais attention à son goût très fort et super amer. La rue contient des substances toxiques qui peuvent provoquer des irritations cutanées et des réactions allergiques assez impressionnantes. En clair, c'est pas vraiment un cadeau, ce végétal !

Et elle fait fuir les limaces et les escargots ?

La rue dégage une odeur forte et désagréable qui repousse les gastéropodes. Ces mollusques sensibles aux odeurs préfèrent éviter les plantes qui dégagent des senteurs puissantes, et là, on est dans le dur, côté parfum !

Comme pour les humains, ses composés chimiques sont irritants pour les bestioles qui, pleines de bon sens, préfèrent passer leur chemin.

Comment bien l'utiliser ?

Il faut avoir envie de planter des rues autour des plantes à protéger : les gastéropodes vont, normalement, détaler. Sinon, écrasez des feuilles de rue (à manipuler avec des gants) et répandez-les autour des plantes à protéger. L'odeur et les substances chimiques libérées par les feuilles écrasées vont les repousser. Autre chose ? Préparez une infusion de feuilles en les faisant macérer dans de l'eau pendant quelques jours. Vaporisez cette infusion autour des plantes pour créer une barrière répulsive. Bon courage !

EFFICACITÉ 1

48. À LA FRONTALE !

OUTIL INDISPENSABLE DE TOUS LES JARDINIERS PSYCHOPATHES, LA LAMPE FRONTALE VOUS PROMET DES SOIRÉES MÉMORABLES ! EN MODE LUCIOLE...

La lumière de la frontale est à hauteur des yeux, il devient donc impossible de louper les bestioles.

Pourquoi une lampe frontale ?

Le truc imparable et génial de l'outil, c'est qu'il permet de garder les mains libres tout en fournissant une lumière directionnelle. Vous tournez la tête, hop ! tout est éclairé devant vos yeux. Et vous pouvez essayer à plusieurs reprises, ça marche à tous les coups !

S'adapter au mode de vie des gastéropodes

Hormis les jours de pluie, où les bestioles sortent en pleine journée, c'est essentiellement la nuit que les limaces et les escargots font leurs casses ! La nuit leur offre l'humidité nécessaire pour se déplacer facilement. Du coup, la frontale permet de s'adapter à leur rythme. Ils sortent la nuit ? Eh bien, qu'à cela ne tienne, on peut faire de même ! Nous allons traîner dehors dès la tombée de la nuit et nous allons y voir clair, quasi comme de jour.

Et après ?

Alors là, vous avez le choix... Vous pouvez les collecter et les lâcher chez le voisin, qui dort sans doute... Ça, c'est encore un avantage de la frontale ! Ou les positionner dans le fond de votre jardin, sur le pourrissoir, où elles vont trouver à manger à foison. Il paraît que certains jardiniers coupent les limaces en deux, en suivant les pointillés qui séparent la partie haute de la partie basse. Mais à ce jeu digne d'un film d'horreur, vous y êtes pour toute la nuit... grâce à la frontale !

49. RIEN DE TEL QUE LE SCOTCH® DOUBLE FACE

EFFICACITÉ 2

AH BEN DOUBLE, C'EST SÛR, CAR LE RUBAN ADHÉSIF SIMPLE FACE, ÇA COLLE MOINS BIEN DE L'AUTRE CÔTÉ, FORCÉMENT ! SI ÇA FONCTIONNE ? VOUS ME POSEZ UNE COLLE !

Du double face, évidemment

Dans cette astuce, le ruban adhésif double face est utilisé comme une barrière physique. Imaginez les limaces et les escargots tentant de traverser la bande adhésive... Ils se retrouvent collés et ne peuvent plus avancer.

Cela les empêche d'atteindre vos plantes, mais il faut un support pour poser l'adhésif, bien sûr ! N'imaginez pas coller ce rouleau adhésif sur les feuilles ; vous allez les abîmer et il ne tiendra pas... Donc on parle ici exclusivement des végétaux installés en pot, comme vous l'aurez compris.

Ça tient longtemps ?

Vérifiez régulièrement cette bande adhésive pour voir si des limaces ou des escargots y sont collés. Il faut remplacer la bande lorsqu'elle est couverte de victimes ou lorsqu'elle a complètement perdu son adhérence. Aaah ! ça vous scotche ?

Comment le positionner ?

Déjà, privilégiez un ruban adhésif large d'au moins 5 centimètres. Mesurez la circonférence du pot à l'endroit où vous souhaitez l'appliquer et coupez un morceau d'adhésif de la longueur appropriée. Vous devez placer la bande adhésive environ 5 à 10 centimètres au-dessus du sol. Assurez-vous que la surface du pot soit propre et sèche pour une meilleure adhérence. Appliquez la bande adhésive autour du pot, en veillant à ce qu'elle soit bien collée et sans plis, puis retirez le film protecteur pour exposer la surface adhésive.

EFFICACITÉ 2

50. LE PIÈGE EN BRIQUE DE LAIT

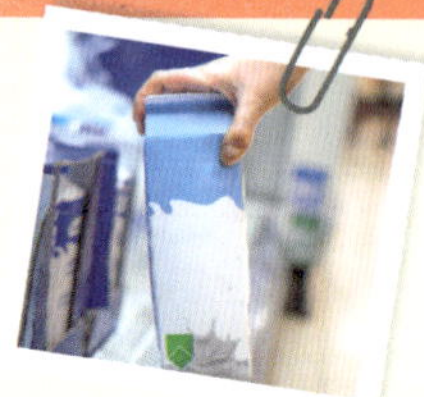

VOUS AVEZ DU LAIT, VOUS AVEZ DES LIMACES... EH BIEN, FAITES UN PIÈGE POUR LES LIMACES AVEC LA BRIQUE DE LAIT ! RECYCLAGE EN VUE...

Pourquoi une brique de lait ?

Les limaces sont attirées par les endroits sombres et humides. Or, une brique de lait est prévue pour ne pas recevoir la lumière du jour afin de conserver plus longtemps intactes toutes les propriétés nutritives du liquide en question. De ce fait, les limaces vont élire refuge dans votre brique de lait pendant la journée. Mais une fois à l'intérieur, les mollusques ont du mal à en ressortir !

Et après ?

Une fois dans la brique, les limaces et les escargots ont du mal à ressortir en raison de la forme et de la texture lisse des parois intérieures. Il vous reste à vérifier votre brique régulièrement et à retirer les limaces piégées pour éviter que vos locataires ne s'accumulent dans le fond et parviennent potentiellement à s'échapper.

Comment fabriquer et positionner ce piège ?

Utiliser une brique sans bouchon. Rincez la brique pour enlever tout résidu et laissez-la sécher complètement. Avec un feutre, tracez un repère sur les deux côtés, puis utilisez un cutter pour découper deux ouvertures. Elles doivent être suffisamment grandes pour que les limaces puissent entrer, mais pas trop non plus, afin qu'elles ne puissent pas ressortir facilement. Un diamètre de 2 centimètres convient.

Placez le piège près des plantes à protéger. Enterrez partiellement la brique dans le sol, en laissant les ouvertures au niveau du terrain, légèrement au-dessus. Ensuite... On attend...

CONCLUSION

VIVRE AVEC NOS AMIES LES LIMACES

Faire son jardin et son potager est une activité saine et gratifiante. Mais pas seulement… C'est aussi une interaction profonde et respectueuse avec la nature. Pour un jardinier, la clé d'un jardin prospère et harmonieux réside dans son adaptation à la nature ! Et non le contraire… C'est bien au jardinier de s'adapter à son terrain, à son climat, à sa région. Tenter de contrôler ou de dominer la nature s'avère parfois très compliqué, et même très risqué.

Le jardinier a le devoir de se rappeler que la nature fonctionne selon les cycles des saisons (certes perturbés, mais cycles quand même), mais aussi selon les cycles de vie, des plantes et des animaux. Car tous ces éléments sont interconnectés dans un écosystème, qu'il soit à l'échelle d'un jardin, d'une commune, d'un pays, d'une zone ou du monde entier.

Un jardinier qui s'adapte à la nature est un jardinier qui favorise la biodiversité. En créant des habitats pour les insectes, les oiseaux et les petits mammifères, le jardinier contribue à la santé et à la résilience de l'écosystème local. La biodiversité aide à maintenir un équilibre naturel, réduisant ainsi les problèmes de ravageurs et de maladies.

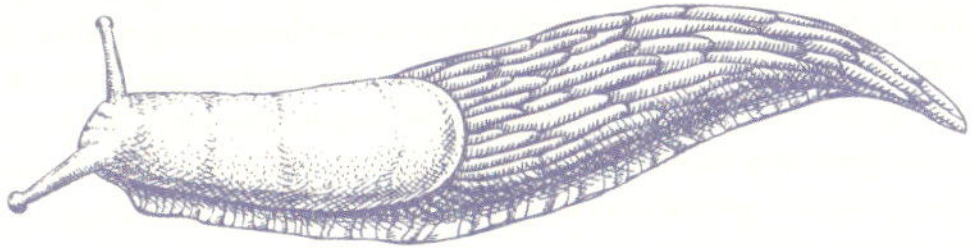

Le mot « éradiquer » n'est donc pas applicable à un jardin en équilibre ! En effet, puisque tout le « vivant » fait partie de la chaîne de la vie, rien de ce qui appartient à la faune et à la flore ne peut, ni ne doit, être éradiqué.
Les limaces et les escargots font partie intégrante de la chaîne de la vie ; le rôle du jardinier ne peut donc consister qu'à limiter leur présence pour sauver ses salades et ses jeunes plants, mais en aucun cas, il ne peut s'agir d'éradiquer quoi que ce soit ou qui que ce soit !

Quelques astuces qui vous ont été livrées dans cet ouvrage fonctionnent et sont respectueuses de l'environnement. Alors, n'hésitez pas à les mettre en place chez vous, au jardin et au potager.
Bon jardinage à toutes et à tous, et pourvu qu'il ne pleuve pas trop !

Maryline et Roland

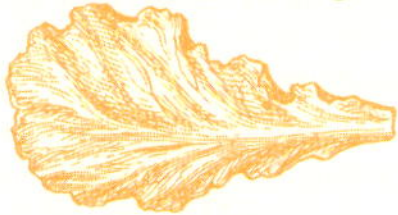

Les auteurs

Adepte du jardinage au naturel, **Roland Motte** cultive fleurs, fruits et légumes dans son jardin près de Vittel (88). N'hésitez pas à profiter de sa présence sur les réseaux sociaux (Facebook, Instragram et TikTok) ou sur sa chaîne YouTube @rolandmotte, pour l'interroger sur la culture de ces différents végétaux.

C'est dans son jardin au cœur des Vosges, qu'elle cultive avec amour avec Roland, que **Maryline Miori-Motte** a testé tous les trucs et astuces proposés tout au long de cet ouvrage. N'hésitez pas à lui faire vos retours sur le site : www.guideconsojardin.com.

Crédits iconographiques

SHUTTERSTOCK : p. 8, 28, 30, 33 35, 36, 43, 44, 49, 53, 56, 58, 62.
FREEPIK : p. 43, 63.
FRÉDÉRIC MARRE/RUSTICA : p. 22, 47.

DIRECTION : Guillaume Pô
DIRECTION ÉDITORIALE : Élisabeth Pegeon
ÉDITION : Chloé Herbin
PRÉPARATION DE COPIE : Aurélie Lacombe
RELECTURE : Nathalie Billaut
DIRECTION ARTISTIQUE : Julie Mathieu
COUVERTURE : Mathilde Corbel
CRÉATION MAQUETTE INTÉRIEURE : Armelle Riva
DIRECTION DE FABRICATION : Thierry Dubus
FABRICATION : Sonia Roméo

Dépôt légal : mars 2025
1er tirage - Numéro: RU22942 (25L0343)
ISBN : 978-2-8153-2294-2
Éditions Rustica - 57 rue Gaston Tessier, 75019 Paris
www.rusticaeditions.com

Achevé d'imprimer en février 2025 par Edelvives, Espagne.

PEFC
PEFC/14-38-00260

Certifié PEFC

Ce produit est issu de forêts gérées durablement et de sources contrôlées

www.pefc-france.org

Ce livre a été imprimé sur du papier PEFC™ issu de forêts gérées durablement. L'imprimeur collecte et élimine ses déchets dangereux auprès de collecteurs agréés, n'utilise pas de produits toxiques et s'engage à être le moins énergivore possible. Par le choix de ses fournisseurs et par ses actions quotidiennes, Rustica s'engage à diminuer son impact écologique.